王似保 等著

安徽大别山区特色农产品品牌发展模式研究

合肥工业大学出版社

图书在版编目(CIP)数据

安徽大别山区特色农产品品牌发展模式研究/王似保等著．—合肥：合肥工业大学出版社，2017.6

ISBN 978-7-5650-3442-8

Ⅰ.①安… Ⅱ.①王… Ⅲ.①特色农业—农产品—品牌战略—研究—安徽 Ⅳ.①F327.54

中国版本图书馆CIP数据核字(2017)第139438号

安徽大别山区特色农产品品牌发展模式研究

王似保 等著　　　　责任编辑 王钱超

出 版	合肥工业大学出版社	**版 次**	2017年6月第1版
地 址	合肥市屯溪路193号	**印 次**	2017年6月第1次印刷
邮 编	230009	**开 本**	710毫米×1010毫米 1/16
电 话	人文编辑部：0551-62903205	**印 张**	9.75 **彩插** 0.5印张
	市场营销部：0551-62903198	**字 数**	104千字
网 址	www.hfutpress.com.cn	**印 刷**	安徽联众印刷有限公司
E-mail	hfutpress@163.com	**发 行**	全国新华书店

ISBN 978-7-5650-3442-8　　　　定价：28.00元

内容简介

本书是在品牌及特色农产品品牌相关理论的基础上，借鉴国内外特色农产品品牌发展的成功经验及启示，研究安徽大别山区特色农产品品牌发展模式，是2014年安徽省人文社科重点课题《安徽大别山区特色农产品品牌发展模式研究——以岳西高山蔬菜为例》(编号SK2014A302)的研究成果。

本书在中央明确提出促进中部地区崛起战略，国务院批复《皖江城市带承接产业转移示范区规划》，以及为响应安徽省委、省政府《关于进一步促进安徽大别山革命老区又好又快发展的若干意见》，安徽省教育厅下发"高校深化拓展大别山道路暨服务老区加快发展"的文件多重背景下，从安庆、六安等大别山地区实际出发，综合运用归纳演绎法、对比分析法、定量分析法、问卷调研法以及实证研究法等多种分析方法，分析安徽大别山区特色农产品品牌建设现状、存在的问题及成因，实证分析岳西县高山蔬菜及金寨县野生石斛品牌发展现状及策略，提出安徽大别山区特色农产品品牌发展模式及提升路径。

本书依据和应用品牌建设理论，通过分析安徽大别山区特色农产品品牌建设所遇到的问题，从品牌的视角去探索特色农产品品牌建设的路径，为分析农业发展提供了新的渠道，有利于丰富特色农产品品牌建设理论的内容。同时，通过对安徽大别山区特色农产品品牌战略的实证性研究，能为安徽大别山区相关产业实施品牌建设提供直接参考，为鄂豫皖等省份的各级政府有关部门连片开发大别山，制定农产品品牌战略政策提供借鉴。

目　录

第一章 导 论

第一节 研究背景

随着人们收入和生活水平的提高，中国普通民众已经从以前单纯追求满足吃饱穿暖的基本生活需要变为追求更高的生活品质，“吃名牌、穿名牌”不仅在一定程度上代表了一种生活态度，也代表了安全、品质和更高的保障，体现了文化和品位。尤其是“吃”的方面，家家户户每天最关心自己的“菜篮子”是否安全、健康、有保障，食品已涉及千家万户的切身利益。

特色农产品是指在传统农业发展过程中，由于地理环境、技术等因素而形成的一些具有特殊形态和品质的农产品，相对一般农产品来讲，特色农产品一般具有明显的地域特色、优良品质和特殊功效。对于特色农产品品牌发展的探索和实践，中西方存在着很大的差距。美、日等主要发达国家都有完整的品牌战略思路和扶持政策体系，品牌战略已成为其参与农业全球竞争的国家战略，各国都具有严格的质量管理体系和完善的农业信息服务体系，且推动着工业化与城镇化的发展。相比较而言，虽然我国政府大力推进“三农”工作，重视农业、农村、农民问题，关注、扶持、鼓励打造农产品品牌，大力振兴地方经济，一些特色农产品品牌建设也获得了飞速发展，但在各地的实践中又面临着农业产业结构不合理、生产者和经营者观念相对落后、农业科技创新能力欠缺、农产品现代化程度较低、产权分散、品牌意识不强、品牌打造难等诸多问题。农产品品牌建设成为制约农村及一些县域经济发展的重要因素，必须因地制宜，探索出适合农产品特别是特色农产品的品牌发展模式。

正是有了这种市场需求，绿色、健康、环保的农产品引起了人们越来越多的兴趣。安徽省是我国重要的农业大省，地处皖西南的大别山区，自然环境优越，有着众多具有地方特色的农产品。2014 年中央一号文件提出要加大农产品品牌培育和流通体系建设力度。尤其是在中央明确提出实施促进中部地区崛起战略，国务院批复《皖江城市带承接产业转移示范区规划》，安徽省委、省政府颁发了《关于进一步促进安徽大别山革命老区又好又快发展的若干意见》，安徽省教育厅下发“高校深化拓展‘大别山道路’暨服务老区加快发展”的文件，党中央、国务院重视“三农”问题以及十八大提出加速城镇化建设等多重背景下，安徽省的安庆、六安等大别山地区成为这些重大战略实施的核心区域，迎来了难得的发展机遇。建设知名特色农产品品牌，已成为提高安徽省农产品综合竞争力的关键，更有利于安徽由农业大省向农业强省转变。安徽省大别山区拥有丰富的特色农产品资源，打造该区特色农产品品牌，对大别山区的发展并进而促进中部崛起、实施皖江城市带承接产业转移、让安徽参与长三角区域合作、加快大别山地区的区域经济合作与发展，都具有重要的战略意义。

第二节 研究内容及意义

一、研究的基本内容

为了充分挖掘大别山区丰富的农业特色资源，提升安徽大别山区特色农产品品牌在省内外市场的影响力，从而增加农民收入，促进农业经济快速发展，本书确立了以下研究内容：

第一，安徽大别山区特色农产品品牌定位研究。安徽大别山区具有的得天独厚的气候和地理条件十分有利于特色农产品生长，特色农产品品种繁多，品质优良，但当地企业一直缺乏品牌意识，品牌缺乏合理定位。因此，开展品牌定位研究，有利于特色农产品品牌形象的塑造。

第二，安徽大别山区特色农产品品牌经营与公司农户相关性研究。安徽大别山区特色农产品发展中存在的不利因素有：种类过多，不利于形成品牌效应；同一品种又过于单一的现象，不能适应市场消费需求；栽培管理粗化；质量意识不强；贮运手段落后；产品深加工能力差，制约着安徽大别山区特色农产品发展。因此，开展品牌经营与公司农户相关性研究，有利于探索品牌经营的有利模式，做大做强特色农产品品牌。

第三，安徽大别山区特色农产品品牌推广策略及实施途径研究。安徽大别山区特色农产品依托安徽大别山区得天独厚的自然条件，近年来获得了很大发展，并初具规模，成为安徽大别山区农业的重要组成部分和农民增收的重要来源。安徽大别山区特色农产品以天然无公害的特点深受消费者青睐，市场前景广阔。但与此形成鲜明对比的是特色农产品的营销明显滞后，营销渠道不畅，不仅影响特色农产品品牌形象塑造，更不利于其传播。因此，开展特色农产品品牌推广策略及实施途径研究迫在眉睫。

第四，安徽大别山区特色农产品品牌发展模式研究。安徽大别山区特色农产品品牌发展模式的研究可以为整个大别山区特色农产品品牌发展、运作模式以及产业集群化运作起到一定的示范、借鉴作用，其成功经验可以被进一步推广，为安徽经济乃至整个大别山地区经济发展做出贡献。

二、研究意义

本书研究的理论意义主要在于：依据和应用品牌建设理论，通过分析安徽大别山区特色农产品品牌建设中所遇到的问题，从品牌的视角去探索特色农产品品牌建设的路径，为分析农业发展提供了新的渠道，有利于丰富特色农产品品牌建设理论的内容。

本书研究的实践意义是：农产品品牌建设是“三农”问题中的一个重要方面，农产品品牌建设对于推进“三农”工作至关重要。安徽作为一个农业大省，对安徽省大别山区特色农产品品牌建设进行研究，对于安徽农业发展、区域发展以及探索中国农产品的品牌建设具有现实意义。安徽大别山区是革命老区、国家级贫困开发重点区域，拥有丰富的特色农产品资源。本书希望通过对安徽大别山区特色农产品品牌战略的实证性研究，能为安徽大别山区相关产业实施品牌建设提供直接参考，也为安徽大别山区特色农产品品牌建设路径提出建议，同时还为鄂豫皖等省份的各级政府有关部门连片开发大别山，制定农产品品牌战略政策提供借鉴，从而为加速安徽省农业发展尽绵薄之力。

第三节 研究现状及述评

对于特色农产品的品牌建设的探索和实践，中西方存在着很大的差距。美、日等主要发达国家都有完整的品牌战略思路和扶持政策体系，品牌战略已成为其参与农业全球竞争的国家战略，各国都具有严格的质量管理体系、完善的农业信息服务体系，且推动着工业化与城镇化的发展。相比较而言，虽然我国政府大力推进“三农”工作，重视农业、农村、农民问题，关注、扶持、鼓励打造农产品品牌，大力振兴地方经济，一些特色农产品品牌建设也获得了飞速发展，但在各地的实践中又面临着中央政府的大力支持与基层政府政策落实不到位、农业生产者和经营者观念相对落后等诸多矛盾，如：农业产业结构不合理、农业科技创新能力欠缺、农业现代化程度较低、农村产权结构不完善、企业品牌意识不强、品牌打造难等问题。农产品品牌建设成为制约农村及一些县域发展的重要因素，必须探索出适合农产品特别是特色农产品的品牌建设路径，带动我国农业的发展。

我国对农产品品牌理论的研究始于 20 世纪 90 年代初期，此时很多学者已经意识到农产品品牌的重要性，但是学者们的研究大多集中在农产品品牌化与农业产业化之间的关系上，具体研究农产品特别是特色农产品品牌理论的不多。学者们的研究主要涉及三个方面：

第一，注重研究农产品品牌经营战略、措施。如奚国泉 2001 年在《中国农产品品牌战略研究》一文中通过对中国农产品品牌现状的分析，提出了实施农产品品牌战略的主要措施。2006 年，李德立从中国农业产业化经营角度，确立品牌诊断、品牌战略设计和品牌战略实施的品牌战略逻辑框架。中国农业大学的李秉龙教授在《农产品名牌的塑造与其市场竞争力的提高》一文中也着重指出，农产品名牌会产生特殊的经济效应，在名牌农产品的基础上，以名牌企业为核心，以名牌企业之间的产业联系为纽带，会产生出以名牌农产品为特色经济的名牌经济，进而成长为该地区的支柱产业，带动一方农业经济走向繁荣。中国人民大学的孔祥智认为，农产品品牌化经营要重视产品质量，在发展质量农业中一定要实行品牌化经营。

第二，注重研究原产地标志。2004 年，崔克勇教授在《山西农业的发展方向——区域特色农业》中从山西省独特的地理环境入手提出充分发挥区域比较优势，大力发展特色农业，提升特色农产品品牌价值。2007 年，刘玲玲通过对原产地标志的研究，提出品牌发展战略。

第三，结合地方特色专注于农产品品牌的实证性研究。2006年蔺全录发表的《特色农产品品牌战略研究》，曾玉珍发表的《牡丹江实施特色农产品品牌战略的思考》，谭江衡发表的《崇明农产品品牌战略研究》，李霜红发表的《黑龙江省农产品品牌战略浅析》，都提出了本地特色农产品品牌的发展路径。河北农业大学梁山教授认为：打造特色农业，开发特色农产品品牌是新阶段农业的增长点，而且新阶段的特色农业必将得到更大发展。发展特色农业，打造特色农产品，能够充分发挥地区优势，并使产品更好地适应多层次、多样化、多变化的市场需求。

西方发达国家早在20世纪50年代就对特色农产品的发展作过研究，且研究内容非常丰富，主要包括三个大的方面：品牌定位、品牌发展模式以及品牌经营。美国里斯与特劳特（2002）的《定位》一书阐述了品牌“定位”这个有史以来对美国营销影响最大的观念的重要性，品牌理论的发展没有定位理论做指导是无法真正展开的。特别是二战以后，随着市场竞争的加剧，品牌日益成为市场角逐的重要手段，涌现出一大批研究成果。约翰·墨菲的《品牌战略》认为，品牌战略是企业为了提高品牌的竞争力，在质量、价格、营销和管理等诸多方面围绕着品牌所进行的全局性谋划方略，其目的就是创立和发展品牌，使品牌成为强势品牌或领导品牌。杜纳·E·科耐普的《品牌智慧》则集中研究了品牌战略问题，认为缺乏客观反映消费者切身利益的品牌战略是品牌成功所面临的最大挑战。当时美国不仅拥有了较为完善的农产品发展理论和法律法规，甚至对其特色农产品的海外市场拓展都分阶段制订出了详细的计划。美国对其特色农产品品牌的打造是立体的、全方位的，除了加大特色农产品的宣传力度，制定严格的质量检测标准以外，政府的扶持，法律法规的健全和保护，龙头企业的引领作用，大财团及科研机构与农业生产发展的紧密结合都成为美国特色农产品品牌发展和品牌价值不断提升的必要因素。

日本特色农产品品牌的打造除了讲求产品品质、市场宣传、科技创新外，更多的是注重于细分市场，注重于对农产品喜好的差异性研究和对进入新开发市场的产品进行选择。也就是说，日本更多的是从细节上推动特色农产品品牌的发展。

目前，国外品牌理论从品牌设计、竞争、推广、发展、保护、品牌形象、品牌资产理论等方面都已经发展得非常成熟。一些国家、地区和城市为了增强产品竞争力、提高产品知名度，开始运用品牌化的技术和方法来谋求产品竞争优势，出现了塑造特色产品品牌的现象。目前，特色农产品品牌理论研究还没有形成系统的框架，更多的是借鉴传统营销理论中品牌研究的相关成果，来开展品牌战略方面的探索性研究。

通过对目前所获得的文献资料的查阅和整理发现，已有研究成果尚存在以下三个方面的不足：

第一，已有的特色农产品品牌建设研究多从微观角度（如产品质量、宣传力度等）进行的，相对缺乏从宏观角度的分析。

第二，已有的文献对我国特色农产品品牌建设现状及存在的问题分析不够系统和全面。

第三，特色农产品品牌研究注重个别品牌，区域品牌发展的对策研究相对较少，对策的讨论和提出还不够完善和具体。

目前，学术界对农产品品牌建设，特别是各地特色农产品品牌建设的研究尚未形成系统的理论体系，虽然一些学者提出了农产品品牌战略的思路，对农产品品牌建设等方面进行了一些有益的探索，但目前专门对某一特定区域特色农产品品牌发展研究的论述并不多，值得深入研究和探索，随着城镇化建设步伐的加速，特定区域的农产品品牌发展研究势必成为学术界研究的重点。

第四节 研究的思路与方法

一、研究思路

本书以品牌理论为指导，分析评价安徽大别山区特色农产品品牌现状，借鉴国内外成功品牌战略管理的经验，寻找提升安徽大别山区特色农产品品牌建设的路径，以推动大别山区特色农产品品牌建设进程。

二、研究方法

归纳分析与演绎分析相结合：运用现代品牌理论和农业经济理论分析安徽大别山区特色农产品品牌建设的必要性和内在规律，从大量的调查资料中归纳分析该区特色农产品品牌建设的路径。

理论分析与实证分析相结合：以理论分析为基础，引用事实数据和案例的方法研究安徽大别山区特色农产品品牌建设现状、存在的问题及问题产生的原因，对实地调研的品牌建设案例进行经济学分析，通过案例总结出对我国农产品品牌建设的一些启示。

对比分析法：通过对国内外相关农产品品牌战略经营情况进行比较，找出安徽大别山地区特色农产品品牌经营的不足之处，以便更好地解决实际问题。

定性分析法：主要依靠课题组成员的丰富实践经验以及主观的判断和分析能力，推断出大别山区部分没有或不具备完整的历史资料和数据的特色农产品的发展趋势。

第二章　品牌相关理论

为了了解品牌营销的相关理论，更好地为本书的研究做好理论铺垫，笔者拟从品牌营销理论的发展、内容以及品牌营销的分析策略等方面有选择地阐述品牌营销理论的相关知识。

第一节　品牌营销理论的发展

一、品牌营销观念的产生

随着社会经济的发展，企业的市场观念也在不断地发生着变化。从 19 世纪末至今，企业市场观念的演变经历了以下六个阶段（如图 2－1 所示）：

1. 生产观念阶段

生产观念是指导企业行为的最古老的观念之一。这种观念认为，消费者喜爱那些可以随处得到的、价格低廉的产品。生产观念盛行于 19 世纪末至 20 世纪初。由于当时生产力相对落后，市

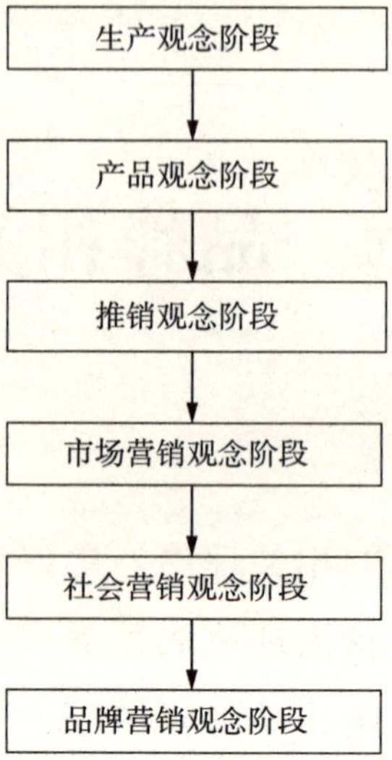

图 2-1　市场观念演变示意图

场上产品种类极少，处在卖方市场的状态下，消费者没有选择的余地，许多产品供不应求。企业只要能提高产量，生产出产品就能获得巨额利润。奉行这种观念的企业追求的是极高的生产效率和广泛的分销覆盖面。

2. 产品观念阶段

产品观念认为，消费者最喜欢高质量、多功能和具有某些创新特色的产品。在产品导向型企业里，企业总是致力于生产优质产品，并不断地改进产品，使之日臻完善。他们在设计产品时很少让顾客介入，他们相信自己的工程师知道该怎样设计和改进产品。产品观念会引发营销近视症。

3. 推销观念阶段

推销观念认为，如果让消费者和企业自行抉择，他们不会足量购买某一组织的产品。因此，该组织必须主动推销和积极促销。企业从生产观念到推销观念的转变是一个进步，它客观上提高了销售在经营中的位置。但从某种意义上讲，推销观念仍是一种旧观念，仍然建立在“企业生产什么就卖什么”的基础上。

4. 市场营销观念阶段

市场营销观念认为，实现组织目标的关键在于正确确定目标市场的需要和欲望，并且比竞争对手更有效、更有利地传送目标市场所期望满足的东西。推销观念注重卖方需要，市场营销观念则注重买方需要。推销以卖方需要为出发点，考虑如何把产品变成现金，而营销则考虑如何通过产品以及与创造、传送产品和最终消费产品有关的所有事情，从而满足顾客的需要。这里市场是企业活动的起点，而不是终点。市场营销观念是新旧市场观念的分水岭，它的出现意义重大，故被人们称为“营销革命”。

5. 社会营销观念阶段

20 世纪 70 年代以后，出现了社会营销的新观念。它强调企业向市场提供的产品及服务不仅要满足消费者的需要，而且要符合消费者和整个社会的长远利益。人们认为单纯的市场观念解决不了消费者个人需求与消费者总体需求、消费者目前需要与社会长远利益的矛盾，于是提出了各种各样的新观念，如“人道营销观念”“理智的消费观念”“生态营销观念”。凡此种种，都统称为社会营销观念。社会营销观念是对市场营销观念的进一步补充和发展，二者没有本质的区别。

6. 品牌营销观念阶段

随着经济一体化程度加深，许多人又提出应将企业营销重点放在品牌形象上。产品形象是由企业按消费者的需求设计出来的，符合消费者的个性及审美情趣。同时，大批企业生产同类产品，这些产品大同小异，很难与竞争对手的产品区别开来，这时强调品牌形象的树立，必能从同类产品中脱颖而出，拥有忠实的顾客群。

二、品牌营销理论的发展

与品牌营销观念的演变相适应，品牌营销理论也经历了从产品至上时代、形象至上时代到定位至上时代的发展过程。

1. 产品至上时代

20 世纪 50 年代，市场处于竞争初期，产品品种较为单一。市场竞争主要通过产品本身的性质特点及功能利益造成的差异性来实现。由于受生产力发展和消费水平的限制，消费者注重实效，因而品牌营销以理性诉求为主。R·雷斯的 USP（Unique selling proposition，独特销售主张）理论迎合这一时代的特征，成为营销理论的主流。在这一理论的指导下，企业的主要任务就是不遗余力地找出 R·雷斯所说的独特销售主张。到 20 世纪 50 年代末期，随着科技的飞速发展，产品间差异性越来越小，同质性日益提高，寻找 USP 变得力不从心。

2. 形象至上时代

随着社会的发展，产品之间差异性缩小，同质产品充斥市场，通过产品特性形成区分变得十分困难。随着人们生活水平的提高，消费者的观念也发生了变化，他们更重视心理上的满足。20 世纪 60 年代，D·奥格威提出的品牌形象理论很快被广泛接受和采纳。尽管形象论的出现使越来越多的企业在进行企业形象的设计和实施中，力求树立一种公众喜欢的理想形象，但竞争的结果却使企业失去了在顾客心里的独特形象，变成千篇一律的模式化形象。

3. 定位至上时代

里斯和特劳特是定位至上时代来临的标志性人物。他们认为这是一个创造力不再是成功的关键的时代，发明或发现了不起的事物并不重要，但是一定要把进入潜在顾客的心智看作首要目标。他们认为消费者头脑中存在一些极小的阶梯，他们将产品按一个或多个方面的要求在这些小阶梯上排队。定位就是要找到这些小阶梯，并将产品与某一阶梯联系起来。在这一主导思想指导下，他们进一步提出了定位理论。定位最终的结果就是在消费者心目中占据其他产品无法取代的位置，让品牌形象深植于消费者的脑海，一旦有相关需求，消费者就会自然而然地想到它。

第二节 品牌及特色农产品品牌相关理论

品牌营销主要包括品牌识别、品牌定位、品牌形象的塑造和品牌推广等。其中，品牌识别和品牌定位是核心，品牌形象的塑造和品牌推广是对它们的外在传播与诠释。这几个方面主要体现在品牌营销的过程中。这一过程也是发现消费者的品牌需求并通过创造品牌价值去满足这种需求的过程，强调创造品牌价值，提升品牌核心竞争力。

一、品牌识别

品牌识别系统是品牌形象资产的一部分，是消费者对品牌的第一印象、第一概念，也是品牌在众多同类产品中能够被一眼识别的清晰面孔。品牌识别系统必须具备如下特征：第一，简单独特性，即品牌的这一种识别方法或者识别标志是此品牌所独一无二的鲜明特征，简洁、凝练、准确，最终再现于消费者视觉或听觉的概念区别，使其在众多的同类品牌之中能一眼即被识别；第二，持续恒定性，品牌识别系统的建立不是一朝一夕之功，而是品牌效应长期累积的结果，是一种持之以恒的渗透力与影响力；第三，联想感知性，品牌识别能够在消费者心中辟出一块属于品牌的空间，使消费者在接触到这种品牌识别之后，能够联想起由此种品牌带来的心理归属感和满足感。

品牌识别由四个部分组成，分别是核心识别、延伸识别、品牌精髓和价值主题。

第一，核心识别一般是通过对品牌的简要精练的概括来反映品牌的战略思想、价值观念以及与其他品牌的差异，唤起消费者的共鸣。

第二，延伸识别包括核心识别以外的所有品牌识别元素，具有完整的内容，是对核心识别的补充。延伸识别增加了品牌个性。

第三，品牌精髓精炼地概括了品牌的内涵，是品牌所专有的，能够持续地创造该品牌与竞争品牌的差异。

第四，价值主题是品牌使消费者感受到的价值利益，包括功能性利益、情感性利益和自我表现型利益。

在此基础上，品牌识别还可以细分为产品的品牌识别、企业的品牌识别、人的品牌识别和形象的品牌识别，这些识别因素都以某种形式为载体向人们传达品牌的符号化信息。人们通过对载体的感知或使用，通过对符号化信息的解读获得情感和使用价值。

二、品牌定位

差异化的品牌定位是企业在竞争中脱颖而出、克敌制胜的法宝。不懂得定位，企业必将无法找到明确的目标市场，必将被自己的竞争对手所击败。定位并不改变产品本身，而是要在顾客心中占据有利地位。所以，品牌定位就是建立（或重新塑造）一个与目标市场有关的品牌形象的过程与结果。定位是针对现有产品的创造性的思维活动，它主要针对潜在顾客的心理采取行动，将产品定位在顾客的心中。一旦品牌的位置确立后，就会使消费者在需要解决某一特定消费问题时，首先考虑某一品牌的产品。

1. 品牌的定位过程

品牌定位和市场定位密切相关，品牌定位是市场定位的核心，是市场定位的扩展和延伸，是实现市场定位的手段。因此，品牌定位的过程也就是市场定位的过程，其核心仍是市场定位的 STP，即细分市场（Segmenting）、选择目标市场（Targeting）和具体定位（Positioning），只是把每一次市场定位过程深入到每一品牌。

（1）市场细分

市场中的消费者之间有很大的差异，例如他们在欲望、资源、居住地、购买态度、购买习惯等方面都可能有所不同，这些变量都可以用来作为细分市场的依据。尽管消费者人数众多且需求各异，但企业可以根据需要按照一定的标准进行区分，以确定自己的目标人群。市场细分的主要依据有地理标准、人口标准、心理标准和行为标准。根据这些标准进行的市场细分分别是地理细分、人口细分、心理细分和行为细分。

（2）选择目标市场

选择目标市场是指选择各个品牌的目标市场。公司在选择各个品牌目标市场时，首要任务就是对各个细分市场进行评估。具体而言，公司在评估细分市场时一般要考虑以下三个因素：①细分市场的规模及增长率；②细分市场的结构吸引力；③公司目标及资源能够达到的范围。

（3）品牌定位

选择和进入目标市场的过程同时也是品牌定位的过程。品牌定位的核心是展示其竞争优势，并通过一系列的营销策略把竞争优势传达给经营者。因此，对品牌经营者而言，在确定目标后选择正确的品牌定位策略尤为重要，建立品牌经营者所希望的品牌形象，并能对该目标市场内绝大多数潜在消费者产生有力的影响，最终促成并提升目标消费者对其品牌的忠诚度。本阶段主要任务为：①确定选定的品牌在目标市场上的形象定位；②确定达到品牌市场地位的相关策略。

2. 品牌定位策略的种类

品牌定位策略多种多样，但企业常用的策略主要有以下几种。

（1）“领导者”地位的定位

一般而言，最先进入人脑的品牌拥有很多优势，比第二品牌多一倍的市场占有率。消费者会购买他们最先认识的品牌产品，并在下次继续购买同一品牌产品。企业一般也会首先向品牌领导者进货。

（2）“跟进者”的定位

一个市场已有“领导者”，就使后来的企业（也许它的产品比领导者更早研制，仅因为它进入消费者的心智晚）处在“跟进者”的地位。跟进者的产品一般被认为（在消费者心目中）是模仿，即使这种产品或许更好。所以跟进者如想在市场上站稳脚跟，一般应重新寻找位置。只要某一个位置不是纯主观臆造，那么也可能获得成功。

（3）空当定位

空当定位是指寻找为许多消费者所重视的但尚未被开发的市场空间。任何企业的产品都不可能占领同类产品的全部市场，也不可能拥有同类产品的所有竞争优势。市场中机会无限，就看企业是否善于发掘。寻找和发现市场空当能力强的企业就可能成为后起之秀。寻找和发现市场机会是品牌经营成功的必要条件，而空当定位策略正是捕捉市场机会的有效措施。品牌经营者可以从以下几个角度加以考虑：①时间空当；②价格空当；③年龄空当；④使用量空当。

（4）高级俱乐部定位

高级俱乐部定位即强调自己是某个具有良好声誉集团的成员之一。当企业不能取得第一位和某种有价值的独特属性时，将自己和某一名牌划归为同一范围不失为一种有效的定位策略。

以上几种定位策略各有特点，企业在运用时根据情况可结合使用，使之相互补充。

3. 品牌识别和定位的关系

首先，品牌识别的概念是对定位概念强有力的补充。其次，定位并未全部考虑品牌的所有潜力，因而限制了品牌的丰富含义。定位的策略性并不能解决低层次微妙的问题，它无法帮助我们去发掘不同品牌的识别和独特之处。定位构成了传播的主要信息，但在传播的语句、风格、形式和方式上，定位是没有发言权的。品牌识别为品牌的一致性提供了框架。通过品牌识别，能建立它的定位的限度，规范表达的方式和保持其个性与经久性。一个品牌不能采纳所有定位，一个品牌诞生时可能无所不包，但时间和它采用的符号标志赋予它一个含义，一个领地，并进而有了它的领地界限。

三、品牌形象的塑造

品牌形象是品牌经营者渴望建立的、受形象感知主体主观感受及感知方式和感知背景所影响，而在心理上形成的一个集合体。它应该像人一样具有个性。

品牌形象可分为内在形象和外在形象。内在形象主要包括产品形象及文化形象。外在形象则包括品牌标识系统形象（如：品牌名、商标图案、标志字体、标准色等）与品牌在市场及消费者中表现的信誉。

1. 品牌形象塑造的原则

（1）民族化原则

“只有民族的，才是世界的。”现今世界日益成为一个大市场，各民族之间的融合也更加紧密。但无论如何，各民族文化中总有一些有特点的东西会保留下来并且为世界所接受和欣赏，抓住这些具有民族特色的东西并赋予品牌一定的形象，往往能获得意想不到的结果。品牌形象策划的民族化对创造世界名牌有着重要意义。

（2）个性化原则

个性化原则是指品牌形象在策划上的差异化或个性化。品牌形象策划的目的就是要使该品牌具有独特的个性，以在众多同类品牌中脱颖而出，迅速抓住消费者。

（3）长期性和兼容性原则

品牌形象是企业形象的一个重要部分。企业形象是一个整体，包括各个子系统。品牌形象和企业形象塑造的目的都是为了结合企业实力，营造竞争优势，最终创造知名品牌，实现企业长远的发展战略。因此品牌形象必须与其他各子系统协调一致，相互配合，共同发展。

（4）可持续发展原则

品牌经营者必须要保持品牌形象在消费者心目中的可持续性，从而使消费者形成对该品牌的忠诚。对品牌的忠诚势必增强认牌购买的行为模式，这就要求品牌形象的经营者高度重视企业的经营质量，追求品牌的长远发展，确保产品能让消费者满意。

2. 品牌形象塑造的策略

（1）情感导入策略

品牌绝不是冷冰冰的符号名称，它有自己的个性和表现力，是沟通企业和公众感情的桥梁。由于人们渴望真挚、美好的感情，因此如果品牌能在消费者的心中占据一席之地，占据一方情感空间，那么这个品牌就塑造成功了。

（2）心理定位策略

著名市场营销专家菲利浦·科特勒提出，人的消费行为变化可分为三个阶段：第一个阶段是量的消费；第二个阶段是质的消费；第三个阶段是感性的消费。到了第三个阶段，消费者所追求的是产品与自己的密切程度，或是为了得到情感上的一种满足，或是追求商品与理想自我的吻合。因此，企业应顺应消费者消费心理的变化，以恰当的心理定位唤起消费者心灵的共鸣，树立独特的品牌形象。

（3）文化导入策略

品牌文化是在企业、产品历史传统基础上形成的品牌形象、品牌特色以及品牌所体现的企业文化及经营哲学的综合体。品牌需要被赋予文化内涵，品牌文化是企业文化的核心，品牌文化可以提升品牌形象，为品牌带来高附加值。国际品牌的塑造就必须借助本国深厚的历史文化的底蕴。

（4）专业权威形象策略

专业权威形象策略可以突出企业的品牌在某一领域的领先地位，增强其权威性，提高信赖度。

（5）质量管理策略

影响品牌形象的因素包括产品的品质和功能的多寡、安全性、创新性、价格等等，但产品的质量是最基本的。有些品牌虽然已经在消费者心目中具有了良好的形象，但一旦出现质量问题，也会使品牌优势顷刻间化为乌有。

（6）品牌形象代言人策略

在市场营销中所指的代言人，是那些为企业或组织的营利性目标而进行信息传播服务的特殊人员。恰当地运用品牌形象代言人策略能建立起品牌的美誉度与忠诚度。

四、品牌推广

品牌推广的主要方式就是运用整合品牌传播。在某种程度上整合品牌传播是“整合营销传播”，它以统一的传播为目标，运用和协调各种不同的传播手段，使不同的传播工具在每一阶段发挥出最佳的、统一的、集中的作用。其目的是协助品牌建立与消费者之间的长期关系。品牌核心要素与灵魂必须在所有传播中得到一致性的运用。品牌传播的执行阶段，主要分为两大类工作：一是沟通性传播，包括广告、公共关系、直接营销、事件营销、体验营销、销售促进等途径；二是非沟通性传播，指产品、服务、价格与销售渠道，从传播角度看，这些因素也是向顾客传达信息的载体，也应纳入传播控制中。

整合营销传播的主要任务是运用统一的大传播组合和互动式沟通的办法，按照既定的品牌设计，针对阶段性、间隔性的市场形势，调动沟通性传播与非沟通性传播的各方面创造性努力及成果，形成面向顾客的统一品牌形象。

品牌整合营销传播有四个步骤：①品牌阶段性定位。即设计出符合某一时期顾客购买动机的品牌定义（销售主张），作为阶段性传播的品牌形象。②为表现统一的品牌定位与形象，进行各种传播品设计制作及产品、价格、销售渠道的改善、调整，实现品牌概念设计对顾客的承诺。③设计并执行沟通顾客的接触计划。④对传播情况进行监测。根据监测到的问题，及时调整传播并为下一轮传播提供调整依据与建议。

五、品牌提升

一般而言，品牌的市场位置相对固定。但是，由于市场状况和竞争对手发生变化，品牌的位置会相应地发生变化。在混乱的行业环境和恶性的市场竞争中，做品牌难，提升品牌更难。这主要有以下三个方面的原因。

第一，品牌长期处在价值埋没或者背离实际的状况下，没有得到市场和消费者的认可，本来应该强劲发展的品牌却停滞不前。

第二，品牌长期在某一个档次形成了固定认知，因此企业难以突破档次，完成品牌的提升，进入新的发展阶段。

第三，品牌发展到一定的阶段，需要往上游或者下游延伸，以加强品牌的力量，扩大品牌效率。

在对自身品牌经过认真、严密的诊断之后，分析品牌所处的市场环境、发展阶段，然后可以从企业 CI 设计、产品形象设计、品牌文化内涵的建设等几个方面开展工作。

首先，展示一个良好的企业形象。企业形象是品牌的舞台和铺垫。企业形象包括了企业视觉形象、企业价值观及企业行为观。在竞争激烈的市场中企业应该强调企业形象的完美，以信誉、真诚来赢得市场认可，而不是采用哄骗的手段，欺骗消费者和经销商，大肆制造概念，胡乱给市场、消费者以承诺。

其次，注重品牌的效应。一个品牌进入市场，给市场传递信息，市场会予以反馈。不同的品牌在不同的消费空间内，可以通过系统规划，让品牌形成效应，发挥品牌应有的作用。因此，品牌只有形成良好的市场口碑，才能具备提升的条件。一个声名狼藉的品牌无法提升，与其去提升这样的品牌，不如开发新品牌。

再次，品牌提升一定要改变产品形象。名牌也需要顺应消费者的变化，改变陈旧、过时的产品形象，这是品牌提升的一项重要工作。通过产品形象的提升，向市场、向消费者传播新的消费感受，达到引起认同的目的，这是品牌提升的重要环节。

最后，根据消费习俗来提升品牌。品牌的提升和消费者以及消费过程紧密相关，而消费本身既是一个物质转换的过程，也是一种心理活动的变化过程。许多消费行为都源自心理需要和获得心理满足的渴望。无论男女老少，由于心境不一，生理不同，社会文化、生活习惯和生长环境等条件各异，其消费习俗与层次高低存在差异，因此，品牌提升必须充分立足于消费习俗，从中寻找提升品牌的元素。品牌提升是品牌价值、品牌内涵、品牌力量、品牌形象的综合提升。

第三节　品牌建设的相关理论

一、品牌创建理论

1. 基于广告的品牌创建理论

在广告不断传达出品牌信息后，消费者会在头脑里形成一个最初的品牌印象和定位，这对于品牌建设来说至关重要。正如大卫·艾格所说，品牌长期以来是以大众媒体作为工具，通过广告以实现品牌创建的目的。所以，在品牌创建理论的演进过程中，最早的品牌创建理论也是由广告人在实践和思考的基础上提出的。主要的代表性理论是：USP 理论、形象论和定位论。

2. 基于营销整合的品牌创建理论

品牌创建是以顾客对品牌的正面评价为基础，农业企业创建品牌则是品牌实体、品牌标识体系、营销策略以及文化内涵等品牌创建要素共同作用的结果。只有整合这些所有品牌创建的相关因素才能真正推进品牌的建设。基于顾客价值创造的品牌创建理论由美国学者凯文·莱恩·凯勒（Kevin Lane Keller，1993）提出。凯勒认为，品牌的价值基于顾客的认知，以及由这个认知而产生的对企业的品牌营销所做出的相对于无品牌产品而言的差异性反应，如果这个差异性反应是正面和积极的，则这个品牌就有正的价值，反之，如果顾客做出的是消极的反应，则这个品牌就有负的价值。品牌创建就是要创建基于顾客的品牌的正面价值。凯勒指出，这里的顾客不仅包括个人消费者，而且也包括机构购买者。因此，这个概念不仅适用于最终消费品的品牌创建，也适用于产业用品的品牌创建。

二、消费者信息加工理论

品牌的最终形成是消费者在接触各种各样有关的信息之后，对这些信息有选择地进行加工，最后在大脑里形成某种特定形象。信息加工理论不是某一种理论的名称，而是一类理论的统称。信息加工理论把人看作一个信息处理器，而人的消费行为就是一个信息处理过程，即信息的输入、编码、加工储存、提取和使用的过程。消费者面对各种大量的商品信息，要对信息进行选择性注意、选择性加工、选择性保持，最后做出购买行为。这个过程可以用心理学原理解释为：商品信息引起了消费者的有意或无意注意，那么大脑就开始对所获得的信息进行加工处理，这个过程包括知觉、记忆、思维和态度，于是购买决定就产生了。

三、产品整体概念

产品整体概念是现代市场营销学的一个重要理论，它具有宽广的外延和深刻而丰富的内涵。以往，学术界用三个层次（核心产品、形式产品、延伸产品）来表述产品整体概念。近年来，运用更多的是科特勒等学者提出的五层次理论。产品整体概念的五个层次分别是核心产品、形式产品、期望产品、延伸产品、潜在产品。其中核心产品是产品的基本需求效用；形式产品是指产品实体的外在表现，如品质、商标等；延伸产品是由于某产品的特性而产生的服务保证。一般来说，同类产品的基本效用大多是相同的，而优质的产品在包装和售后服务等方面会产生差异，这也会形成品牌竞争优势。产品整体概念的五个层次，十分清晰地体现了以顾客为中心的现代营销理念。这一概念的内涵和外延皆以消费者的需求为标准。

四、价值链理论

价值链理论是哈佛大学商学院教授迈克尔·波特于 1985 年

提出的。波特认为，“每一个企业都是在设计、生产、销售、发送和辅助其产品的过程中进行种种活动的集合体。所有这些活动可以用一个价值链来表明”。企业的价值创造是通过一系列活动构成的，这些活动可分为基本活动和辅助活动两类。基本活动包括内部后勤、生产作业、外部后勤、市场和销售、服务等；而辅助活动（支持活动）则包括采购、技术开发、人力资源管理和企业基础设施等。这些互不相同但又相互关联的生产经营活动，构成了一个创造价值的动态过程，即价值链。价值链在经济活动中是无处不在的，上下游关联的企业与企业之间存在行业价值链，企业内部各业务单元的联系构成了企业的价值链。价值链上的每一项价值活动都会对企业最终能够实现多大的价值造成影响。

波特的价值链理论揭示，企业与企业的竞争，不只是某个环节的竞争，而是整个价值链的竞争，而整个价值链的综合竞争力决定企业的竞争力。用波特的话来说：“消费者心目中的价值由一连串企业内部物质与技术上的具体活动与利润所构成，当你和其他企业竞争时，其实是内部多项活动在进行竞争，而不是某一项活动的竞争。”可见，企业的竞争不是哪一个或几个方面的竞争，而是整个价值链的竞争。特色农产品品牌建设是一个复杂的系统工程，依据价值链理论建设特色农产品品牌有较强的系统性。

五、品牌核心价值理论

品牌要想发展成为“名牌”，就要在保证产品质量的基础上做好品牌营销，使之得到消费者的接受、认可，乃至成为其忠实的客户。所谓“酒香也怕巷子深”，企业要想将自己的产品有效地推销出去，首先要确定品牌的核心价值，即企业到底想通过产品向消费者推销什么，表达什么。它是品牌资产的主体部分，它让消费者明确、清晰地识别并记住品牌的利益点与个性，是驱动消费者认同、喜欢乃至爱上一个品牌的主要力量。如：怕上火就喝“王老吉”，一下子就将王老吉和其他饮料区分开来；飘柔打造“飘逸柔顺”的秀发；海飞丝让你“头屑去无踪”等，使得飘柔、海飞丝的核心价值立刻凸显出来，使消费者很容易将它们与其他类似产品区别开来。品牌核心价值一旦确定后，就要以水滴石穿的定力去加以维护，要在十年、二十年，乃至上百年的品牌建设过程中，始终不渝地坚持这个核心价值。让品牌的每一次营销活动、每一分广告费都为品牌做加法。久而久之，核心价值就会在消费者大脑中留下深深的烙印。企业同时还要开阔思路，提炼个性化品牌核心价值。高度差异化的核心价值一亮相市场，就能成为“万绿丛中一点红”，同时差异化的品牌核心价值还是绕开正面竞争、低成本营销的有效策略。在不同的阶段，品牌核心价值的侧重点不同，如：在导入期，品类占位的传播很重要，因为在某一品类的联想中，如果某个品牌能在前几位，那么列入消费者候选购买名单的概率就会非常高，对大多数品牌而言，占位品类是最具竞争力的品牌资产；在成长期，品牌的地位和气质传播很重要，有时候消费者可能对某品牌的核心价值、基本识别等品牌内涵不太了解，但仍然还是认同这个品牌；在品牌成熟期，品牌的核心价值常常最能够获得消费者青睐，因为在这一阶段，品牌的一般信息已被消费者所了解，就必须要靠最有价值以及与其他竞争者最不一样的内容才能打动目标顾客，所以在这一阶段用核心价值去统率企业的一切活动显得最有效果；在品牌衰退期，需要激活再生品牌，可以通过新闻、公关等低成本手段传递出品牌的创新能力和成长性识别，这是协助品牌顺利渡过难关，重新焕发生机的法宝。

第四节　特色农产品的相关理论

一、特色农产品的内涵

特色农产品是指在传统农业发展过程中，由于特定的地理环境、技术等因素而形成的一些具有特殊形态和品质，具有很强的区域色彩的农产品，并且是其他不具有此种特殊自然环境和特殊技术的农产品所不能模仿和生产的产品。其关键就在于“特”，即：人无我有、人有我优。

二、特色农产品基本特征

特色农产品的特征是准确定位一个地区特色农产品的重要依据。一种农产品能作为地区特色农产品应该具有以下特征：

1. 地域特征性

地域特征性是特色农产品自身特质，是特色农产品本质特征。地域特征性是指特色农产品在生产上适应了特定的区域资源，并且局限于特定的区域范围。这一特征说明特色农产品产区有一定的资源禀赋，其他竞争者因为没有这种禀赋就很难模仿。特色农产品竞争优势的取得，在一定程度上依赖于特定区域的自然条件。

2. 规模性

作为一个地区特色农产品还应该具有一定的规模，只有这样才能形成一定的规模效应，才能提高其竞争力。如果只是少数农户的生产，则不能成为一个地区的特色农产品。

3. 多样性

消费者在不同时期有不同的市场需求，因此要根据消费者不同时期的不同需求，及时对产品进行更新换代，以满足消费者不断变化的需求。特色农产品这种发展要求的动态性，对特色农业的发展提出了更高的要求。

4. 优良性

优良性指一个地区的特色农产品，本身应该是具有较高的产品价值，从而可以增加附加值的农产品。特色农产品和常规农产品相比，在质量、价格等多方面有明显的优势，它的资源利用率和资本的回报率都高过常规农产品。因此特色农产品除了农产品的特殊性之外，更体现在品质的优良性上。如果没有特色农产品的优良品质作保障，就不能形成有效的市场需求，更不可能带来持续的经济效益。

此外，特色不仅体现在农产品独特性之上，还体现在农产品的生产、加工、销售、售后服务等诸多环节上。

三、特色农产品品牌的特征

品牌是商品经济发展到一定历史阶段的产物，是一种社会经济现象。企业通过宣传告诉消费者产品质量、款式、性能等特征，让消费者通过“牌”了解产品的“品”。因此，本书认为品牌的实质是企业在向消费者做出的品质承诺。品牌建设就是在确保产品质量的同时，用适当的方法准确、全面地将其宣传出去。特色农产品品牌是品牌概念在特色农产品中的运用，是特色农产品的生产经营者及其产地和质量的识别标志，是农业企业的无形资产。特色农产品品牌与其他产品品牌相比主要有以下特点：

1. 品牌建设主体具有特殊性

我国农产品的生产是千家万户的小规模生产，作为特色农产品生产者的农民，在建设特色农产品品牌时，必然要受到其自身所受教育水平、资金等因素的限制，而特色农产品的加工和流通企业则是起支配作用的主体，农户只是参与者。

2. 特色农产品安全的重要性

由于农产品主要用途是食用，因此农产品质量问题关系消费者的生命安全，也直接决定着农产品品牌形象。2011 年的双汇集团瘦肉精事件，让著名的冷鲜肉企业陷入了品牌危机；三聚氰胺事件更是直接导致了三鹿企业的倒闭。由此看出农产品质量问题是关系到企业存亡的关键问题。

3. 特色农产品品牌有着农产品的特殊性

依据《农产品质量安全法》第二条规定：农产品是指在农业中获得的植物、动物、微生物及其产品，是人类利用太阳能和生物生命过程，进行劳动所获得的物质产品。农业生产是在广大地域上进行的较长时间的生产活动，且受气候等自然条件影响很大，存在很多不可控的因素，因而产品质量难以监测。农产品质量与人类的健康息息相关，因此，只有实现农业产业化和标准化才能有效监控农产品质量。

4. 特色农产品品牌依托自然资源禀赋

大多数特色农产品品牌的创立，常常以产地的特色资源为依托。如安徽“砀山酥梨”、东北“北大荒”大米，都依据当地独一无二的自然资源，才能培育出具有浓郁当地文化内涵的品牌。

第五节 SWOT 分析法

企业在制定品牌营销策略时通常会用到一些分析方法，其中最主要的是 SWOT 分析法。SWOT 分析法又称为态势分析法，由美国旧金山大学的管理学教授于 20 世纪 80 年代初提出。SWOT 四个英文字母分别代表：优势（Strength）、劣势（Weakness）、机会（Opportunity）、威胁（Threat）。SWOT 分析是将与研究对象密切相关的各种主要内部优势、劣势、机会和威胁等，通过调查列举出来，并依照矩阵形式排列，然后用系统分析的思想，把各种因素相互匹配起来加以分析，从中得出一系列相应的结论，而结论通常带有一定的决策性。运用这种方法，可以对研究对象所处的情景进行全面、系统、准确的研究，从而根据研究结果制定相应的发展战略、计划以及对策等。

进行 SWOT 分析时，主要有以下几个方面的内容：

1. 分析环境因素

企业运用各种调查研究方法，分析自身所处的各种环境因素，包括外部环境因素和内部能力因素。外部环境因素包括机会因素和威胁因素，它们是外部环境对企业的发展造成直接影响的有利和不利因素，属于客观因素，一般归属为经济的、政治的、社会的、人口的、产品和服务的、技术的、市场的、竞争的等不同范畴；内部能力因素包括优势因素和弱点因素，它们是企业在其发展中自身存在的积极和消极因素，属主动因素，一般归类为管理的、组织的、经营的、财务的、销售的、人力资源的等不同范畴。在调查分析这些因素时，不仅要考虑企业的历史与现状，而且要考虑企业的未来发展。

2. 构造 SWOT 矩阵

将调查得出的各种因素根据轻重缓急或影响程度等排序方式，构造 SWOT 矩阵。在此过程中，将那些对企业发展有直接的、重要的、大量的、迫切的、久远的影响因素优先排列出来，而将那些间接的、次要的、少许的、不急迫的、短暂的影响因素排列在后面。

3. 制定行动计划

在完成环境因素分析和 SWOT 矩阵的构造后，便可以制定出相应的行动计划。制定计划的基本思路是：发挥优势因素，克服弱点因素，利用机会因素，化解威胁因素，考虑过去，立足当前，着眼未来。运用系统分析的综合分析方法，将排列与考虑的各种环境因素相互匹配起来加以组合，得出一系列企业未来发展的可选择对策。具体包括以下步骤：①在某些领域内，可能面临来自竞争者的威胁；或者在变化的环境中，有一种不利的趋势，在这些领域或趋势中，企业会有些劣势，那么要把这些劣势消除掉。②利用那些机会，这是公司真正的优势。③某些领域中可能有潜在的机会，把这些领域中的劣势加以改进。④对目前有优势的领域进行监控，以便在潜在的威胁可能出现的时候不感到吃惊。

第六节　国内外品牌营销理论研究动态及趋势

从笔者收集到的资料来看，国外对品牌营销理论的研究始于20世纪50年代。20世纪90年代，“品牌资产”理论是营销领域研究的热点。在营销学术界，关于品牌营销的各种策略、方法及理论研究也日益广泛。20世纪90年代中期，国内也开始掀起了关于品牌的大讨论。伴随这一讨论的深入，营销界对品牌资产理论和品牌战略的认识产生了很多误区，使许多企业及传播者认为有了很高的知名度，便建立了强势品牌。其实，品牌的建立及维护远没有如此简单，它是一项复杂的系统工程，需要企业长期不懈的努力。而关于企业如何实施品牌营销的问题，营销界和学术界存在许多争议。一种观点认为，企业没有必要去做品牌，只要一心一意做产品求生存即可。另一种观点认为，企业的生存与发展必须走品牌之道，品牌建设是促进企业自身发展的需要，是品牌营销时代企业迎合消费者的必然选择。此外，在当今的品牌营销时代，消费者也需要品牌，因为品牌不仅能节省购买心力、降低购买风险，而且能体现消费者的生活理念。因此，实施品牌营销就回归到市场营销的本质问题——迎合消费者的需求上来。营销战略以品牌赢天下，将成为企业的必然选择，也是企业成长壮大的必由之路。21世纪是优胜劣汰、市场洗牌残酷的时代，名牌产品的市场竞争力将会更强。无论是小的知名品牌（指各地区受消费者信赖的品牌）还是全球化的知名品牌，企业都必须长期以消费者为中心，树立品牌形象至上、至尊的思想，才会稳定地成长起来。

从安徽大别山区特色农产品的实际情况出发，由于资源和实力有限，在规划品牌战略时，要充分考虑成本，走经济实惠的品牌营销之道，这也是地区企业实施品牌营销策略必须遵守的基本原则。国内的著名品牌战略与营销广告专家翁向东提出的“核心价值统帅论”是低成本创建强势品牌的重要战略思想。他主张规划以核心价值为中心的品牌识别系统，并以品牌识别系统统帅企业所有的营销传播活动，从而确保企业的每一份营销广告投入都为品牌做加法，都为提升品牌资产做累积。国际著名品牌营销专家，美国加利福尼亚大学伯克利分校名誉教授大卫·艾克关于客户接触点的论述对老字号企业的品牌营销也是一个良好的启示。他认为，品牌不仅是一个商标或标识，品牌代表着一系列的承诺，代表着我们的期望，代表着一个组织，还代表着消费者在所有接触点上的联想。所谓客户接触点就是品牌和客户互动的时机，不管是消费者对这个品牌的使用经历、购买活动、服务经历等，所有这些消费者接触点结合在一起，就是品牌的广告。

中外品牌营销思想都注重品牌战略实施的成本，强调以低成本创建强势品牌，强调品牌营销应注重与客户的关系及提升品牌核心竞争力，这对于我国一些实力弱小的企业具有良好的启示和指导意义。概括来说，有关企业品牌营销的争论点实质上是企业品牌的创建问题。主张企业放弃品牌创建的人认为，不做品牌是企业无法创建品牌的无奈选择。一旦发现了企业创建品牌的解决之道，创建品牌将是那些渴望发展的企业的必然选择。因此，如何提炼品牌核心价值，如何处理与客户的关系，如何利用战略利益联盟和互联网平台实施企业的品牌营销是众多企业正在摸索实践的方向，也是学术界研讨的重点课题。

第三章　安徽大别山区特色农产品产业发展现状

第一节　资源环境分析

一、自然资源

安徽省整个地势西高东低、南高北低，平原面积占全省土地总面积的 49.6%，丘陵面积占 14.0%，山地和台地面积占 28.3%（其余 8.1%为大水面），形成了淮北平原、江淮丘陵、大别山区、沿江平原、皖南山区 5 个不同模式的特色农业布局。

安徽省境内大别山片区集山区、革命老区、贫困地区和沿淮行蓄洪区于一体，横跨大别山区和皖北地区，包括安庆、六安、阜阳和亳州四市的 14 县一市二区。其中，金寨县、寿县、霍邱县、太湖县、宿松县、潜山县、岳西县、望江县、利辛县、临泉县、阜南县和颍上县 12 县是国家级连片特困地区，霍山县、舒城县、裕安区、金安区、桐城市5个县市区属于大别山连片地区。该片区属于北亚热带温湿季风区，气候温暖湿润，降水充沛。土地总面积约1.27万km^2，占全省的9.1%。大别山区山地面积占其总面积的70%以上。境内高山、低山、丘陵、河谷、盆地错落有致，地形地貌多样，植被条件得天独厚，有利于珍稀动植物特色产品的生长与繁衍，是安徽省野生动植物资源宝库之一。受地形影响，境内水热垂直分异比较明显，导致土壤、植被、土地利用等方面呈现明显的垂直分异。林、茶、桑、药等特色产品资源丰富，是省内仅次于皖南山区的第二大林茶基地，林地面积和木材蓄积量占全省的33%，茶叶产量约占全省的20%。蚕桑、耕牛也在全省占重要地位。不仅如此，在省内占有重要地位的还有板栗、油桐、乌桕等农作物。全区有“舒绿”“六安瓜片”“齐山云雾”“霍山黄芽”等驰名海内外的名茶，拥有茶园1.45万hm^2，是安徽省外销绿茶和内销黄茶的重要产地。作为安徽省土特产之一的蚕桑生产，在全省蚕茧产量中占27.2%。由于地处长江淮河的分水岭，水系发达，养鱼水面达2.07万hm^2，每年鲜鱼产量约0.16万吨。特色农产品主要有霍山黄芽、六安瓜片、舒城兰花茶、华山银毫、岳西翠兰、蚕桑、板栗、百合、茯苓、霍山石斛、皖贝母、断血流、天麻、皖西白鹅、大别山黄牛等。

二、经济资源

为推动皖西革命老区加快发展步伐，2015年安徽省政府办公厅发布了《安徽省贯彻落实〈大别山革命老区振兴发展规划〉实施方案》，从旅游、交通、环境保护等方面提出了发展目标（如图 3-1 所示）。到 2020 年，大别山革命老区的地区生产总值将达到 4300 亿元，城镇常住居民人均可支配收入将达到 35800 元。

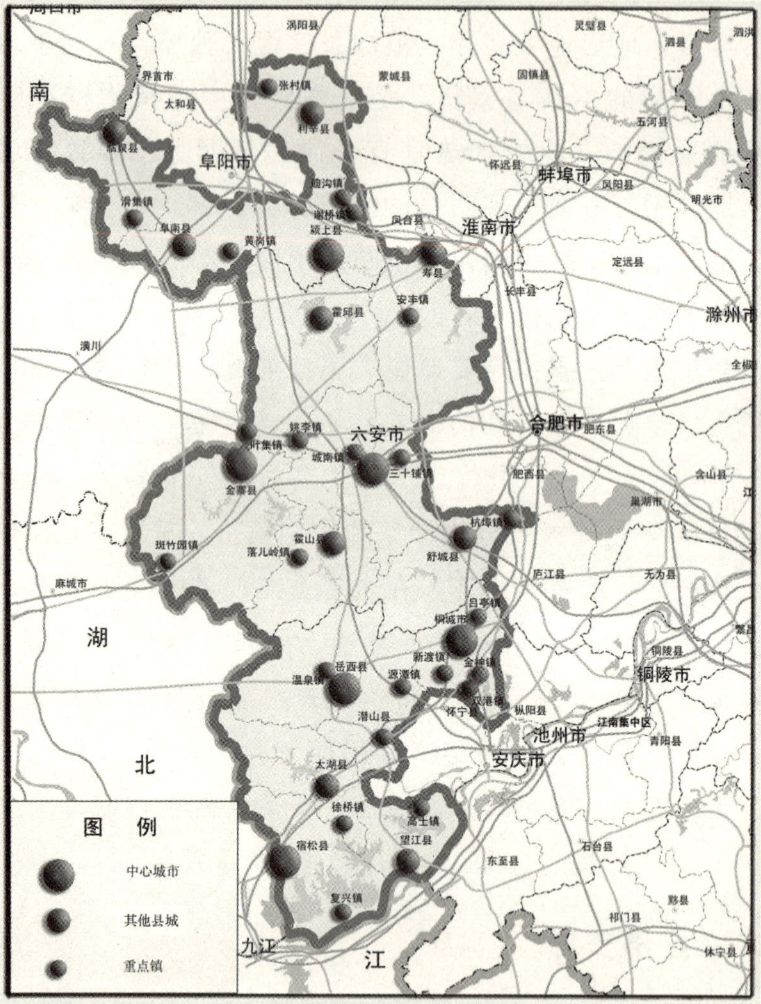

图 3-1　安徽大别山区布局示意图

多年来，安徽省委、省政府高度重视大别山片区扶贫开发，举全省之力，实施系统、全面的扶持政策，不断加大财政支持力度。2011年，出台促进大别山革命老区又好又快发展的20条意见，统筹推进片区区域发展和扶贫攻坚。与过去相比，大别山片区经济发展较快，区域综合实力明显增强。2011年片区地区生产总值达到1819.6亿元，是2001年的2.8倍，年均增长11%；地方财政一般预算内收入86.8亿元，是2001年的4.3倍，年均增长15.7%。当年规模以上工业企业数达1655家、工业增加值达到698.8亿元，分别占全省县域的24%和21%；全社会固定资产投资1048亿元，占全省县域的19.3%。合武铁路和合六叶、合武、六潜、合淮阜高速公路、临淮岗水利枢纽工程等一批重大基础设施相继建成，阜（阳）六（安）铁路顺利开工，片区发展基础和条件日益改善。片区主要经济作物和特色产品中的茶叶、药材、蚕茧产量由2001年的0.98万吨、6.72万吨、0.94万吨，增加到2011年的2.47万吨、8.26万吨和1.34万吨，分别增长了153%、23%和43%，且质量大有提高，名优茶占干茶总产量的50%～60%。一批茶叶、中药材、油茶、丝绸、竹木和板材等加工企业得到扶持发展，促进了农业特色产业的形成和农业产业化的发展。

一系列惠农政策的出台提高了农民生产经营的积极性。近年来，安徽省政府对特色农产品发展问题高度关注，相继出台了一系列惠农政策，提高了农民生产经营的积极性，有效地促进了特色农业的发展。

区域经济的迅速发展为特色农产品的经营和销售提供了广阔

的市场。随着长三角工业化、城镇化的推进，安徽省完全有条件建设面向长三角的优质特色农副产品供应基地，以此拓展特色农产品的广大市场。安徽省是农业大省，粮、棉、油、肉、蛋等农产品产量均居全国前列，发展农业具有明显的比较优势和较强的竞争力。当前，苏、浙、沪三地工业化已经进入中后期，第二、三产业比重进一步提高，农业的比重大幅降低，这为我省现代农业提供了新的发展空间。

安徽位于长三角腹地，东临江苏、浙江等发达省份，西连广大中西部地区，承东启西，地跨江淮，交通发达，区位优势明显，发展农业生产条件优越。安徽可充分利用东部沿海发达地区的信息、资金，接受辐射，又可面向全国，推广自己的优势产品。特别是随着东部地区产业的升级换代，将逐步淘汰一部分落后的劳动密集型产业，安徽作为重要的劳务输出人口大省，积累了相当的技术和资金要素，已完全有能力承接长三角产业特别是特色农产品加工业的产业转移。

第二节　产业现状分析

一、特色农产品产业建设发展较快，但龙头企业规模较小，基础薄弱

近年来，安徽省涌现出了大量农产品生产、加工与销售的专业村、专业乡镇和专业县，大别山区初步形成了特色农产品产

业带。一批龙头企业在产前、产中、产后服务中不断发展壮大，在产品深加工、开拓市场、促进区域特色经济发展、农民增收等方面发挥了不可替代的主导作用。但多数特色农产品龙头企业规模偏小，多处于发展初期，有的甚至还是小作坊，其带动能力弱，难当致富一方的重任。

政府把特色农产品产业化发展经营作为农业结构调整的重大措施和主要途径，也取得了一定进展。一部分经多年打造的特色农产品产业及龙头企业已成一定规模和气候，成为当地不可或缺的支柱产业，给农户带来较高的经济收益，如六安瓜片、霍山黄芽、岳西高山蔬菜、大别山油茶籽油、葛粉、山核桃、天麻、菌种、百合、金寨翠眉、岳西翠兰、桐城小花、“云泉”金荞麦糊、“皖峰”瓜蒌籽、“皖江”大闸蟹等。但大多数地方的农业产业化发展还刚刚起步，产业化经营必备的要素如生产基地、龙头企业、品牌以及利益机制等普遍尚不具备；或者只有雏形，一时难以快速发展。关键是各地基础薄弱，经验不足。

二、特色农产品经营主体素质和组织化程度较低

安徽省是人口大省，农村人口高达5000万，农业剩余劳动力1000多万，仅是每年在省外打工的农民工就高达600多万。虽然安徽省劳动力资源丰富，成本比长三角地区要低很多，但整体劳动力素质较低。第二次农业普查资料显示，目前全省农村从业人员中，小学及以下文化程度占42.6%，高于全国平均水平3.4个百分点；初中文化程度占52.8%，低于全国平均水平0.9个百分点；高中及以上文化程度占4.6%，低于全国2.5个百分点。

农民技能水平较低，缺乏现代市场意识，难以掌握现代化的营销知识和工具，许多经纪人都是从传统农民转变而来，营销品牌意识淡薄，缺乏专门的营销知识，农民仅靠自己的力量很难完成市场调查、产品生产加工、产品流通、营销策划、品牌传播等各个环节，从而增加了经营的难度。

农民营销队伍组织化程度低，抵御风险能力差。由于大多数情况是农户自己从事农产品分销，流通主体分散、规模小、组织化程度低，不仅使农户增加了进入市场的成本，自身的权利和利益得不到根本保证，同时也使龙头企业与农户难以实现有效对接，导致农产品流通不畅。指导农产品流通的中介组织如流通企业、合作社、农民协会以及农民经纪人等发展缓慢。目前多数流通中介组织规模小、运作不规范，农民营销经营手段原始，难以适应现代市场经济发展的需要。农产品市场实际上仍然是“大市场、小业户”的格局，农产品流通无序、效率低下。

三、特色农业产业化和科技创新水平较低

安徽省特色农产品产业主要依赖政府政策扶持推动。企业生产规模小，产业链条短，规模化和集约化程度不高，营销渠道仍然沿用传统模式，运行成本高，产供销一体化发展进程缓慢。农民在市场中仍处于弱势地位，农业经济组织整体发展滞后，分工不完善，缺乏专业的农业合作化组织。

安徽省特色农产品产业基本处于低层次、低水平的重复加工阶段，产品形式单一，产品系列有待进一步拓展。初始农产品价格低廉，如果仅靠出售原始的初级农产品作为收入，很难

创造巨大的经济效益，农产品在流通、加工等环节很难产生高附加值。比如岳西高山蔬菜产业，虽然已有了一些规模较大的高山蔬菜深加工企业，但企业深加工生产能力还有待进一步提高。岳西高山蔬菜产品仍以高山茭白、四季豆、甘蓝、萝卜、佛手瓜、番茄、地藕等传统产品为主，产品形式不能适应消费者多样化的需求，目标市场规模的扩大受到局限，产品系列有待迅速拓展。

安徽省特色农产品技术含量较低，相关的科研投入和技术储备不足，产品深加工、精加工程度不够，附加值不高，加工、包装技术落后，卫生性、安全性和营养性还未得到有效保障和开发。

四、市场信息服务体系不健全

特色农产品信息渠道畅通是农产品分销渠道畅通的前提条件，生产与消费之间、区域之间的信息衔接主要由市场完成，而市场的松散决定了信息的收集加工能力低，使得生产、流通存在很大的局限性和盲目性。目前安徽省农产品流通中来自政府的信息建设和服务还比较薄弱，主要表现在：一是信息化硬件建设落后，许多市场没有相应的信息化设备，大多数市场还采用传统的信息传播方式，例如广播、黑板报等发布一部分农产品的价格、品种信息，根本无法提供农户所需要的生产、加工、流通的最新市场信息，使农户缺乏科学性、技术性、权威性的信息指导，造成产销脱节。二是不能充分共享信息资源，农业信息网络的覆盖面不宽，向农村延伸的力度不够，传播渠道不够通畅，难以满足营销中介组织以及广大农民对信息服务的需求。所以，目前农村市场缺乏一个将政府、市场、农户、客户信息整合在一起的网络，快速准确提供市场供求信息，促进农产品高速顺畅地流通。同时，由于农户自身素质有限，对信息的分析筛选能力不足，很难获得有效信息。

五、产品外向度较低

目前，由于我国农产品国家标准和行业标准还不完善，许多农产品的质量达不到国际通行的质量标准，导致不少特色农产品由于残留的农药量超标，储藏、运输、保鲜、加工技术水平低，在国际市场上竞争力变低。尽管安徽省品牌农产品出口在我国占有重要地位，但从总体情况看，出口产品品牌还较杂，出口龙头企业规模还较小，特色农产品的整体出口优势还没有完全形成，出口产品影响力和带动作用还有待进一步增强。

第三节 启示

从安徽大别山区特色农产品产业发展现状中可以看出，大别山区特色农产品产业要标准化、区域化、特色化发展，必须从以下几个方面采取措施。

一、大力培育龙头企业

培育龙头企业是加快特色农产品产业集群发展的重要举措。

因此，政府必须落实国家扶持重点龙头企业的各项政策，依托特色农产品标准化生产基地建设，培育一批从事特色农产品加工、销售的农业产业化龙头企业，促使这些企业在品牌创新、管理水平上狠下功夫，全面推进管理创新、制度创新、技术创新。

二、完善市场体系

特色农产品产业集群的发展前景既决定于市场，也决定于自身的成长，好的集群本身也是市场极为重要的组成部分。因此，各级政府部门要加强市场监管，规范市场秩序，加快研究和制定特色农产品原产地保护方面的法律、法规，组织开展特色农产品区域划定、原产地命名、品牌标注等工作，实行依法保护，提高特色农产品的知名度和信誉，保证自身质量和特色。

三、加快农业科技进步步伐

要推动特色农产品产业的发展，政府必须要鼓励国家科研机构直接参与到特色农产品龙头企业和农产品基地建设中去，加快发展特色农产品高技术企业；要鼓励龙头企业积极参与现代农业产业园区建设，使之成为农业科技创新的有效载体和主导力量；要加大农业科技创新和技术推广的力度，加大科技投入，加大科技培训力度，努力提高农民素质。

特色农产品产业发展的重点应围绕“特色、优势、潜力”展开，重点发展区域特色强、竞争优势强、科技含量高、成长空间大、带动作用大的特色农产品产业集群。由于安徽各地在产业基础、市场环境等方面存有差异，特色农产品产业集群的形成过程和主导因素也极为不同。因此，在特色农产品产业化、集群化的发展过程中必须因地制宜，深入考察区域的产业基础、比较优势和市场基础，找准最能发挥本地优势的环节，选择适当的集群发展路径和模式，是成功构建特色农产品产业集群的关键。

第四章　安徽大别山区特色农产品品牌建设现状及存在问题

第一节　安徽大别山区特色农产品品牌建设现状

安徽省是农业大省，也是农产品出口大省。近年来，安徽省把农产品品牌作为提升农业竞争力的核心要素加以培育，重点实施了优势农产品区域发展布局规划、农业标准化生产、绿色食品和无公害农产品认证工作等重大工程和项目，大力实施农业品牌战略，加快了安徽省农产品品牌建设进度。大别山区依托现有产业基础，发挥资源和生态环境优势，加强产业协作，完善配套分工，积极承接产业转移，大力发展资源开发型、劳动密集型、环境友好型产业，不断提高产业层次，逐步提升特色农业，壮大加工制造业，培育战略性新兴产业，发展文化旅游业，扶持现代服务业，形成具有片区特色的现代产业体系，增强片区综合发展能力，为区域发展和贫困人口脱贫致富奠定基础。

大力发展特色高效农业。大别山区推进农业集约化、规模化经营，重点发展具有片区特色的优质高效种植业、畜禽和水产养殖业、特色经济林业和养殖业，推进生产集约化、标准化、生态化、品牌化和组织化发展，提升产品质量安全和专业化服务水平，着力建设一批有机、绿色及无公害农产品生产基地、特色林果产业基地和生态养殖基地（表 4 - 1 所列），打造一批现代农业示范园；探索建立大别山农产品地域标准、标识，推进大别山农林产品产地认证，打造培育大别山系列特色农林产品品牌；推进土地流转和规模经营，引导土地向种田能手、专业大户、家庭农场和农民专业合作社集中；集聚要素、集中资源，加快建设一批国家级现代农业示范区。

完善农业技术支撑体系。大别山区加大对农业科研机构的支持力度，加强作物优质高效安全生产、健康养殖与疫病防控等领域的技术研究，加快促进农业科技成果转化；加强农技推广体系建设，稳定和强化基层公益性农技推广机构，加大农业新品种、新技术、新材料和新机具推广力度；实施农业机械化推进工程，扶持农机合作组织，加强农机农艺融合；加快农业信息技术服务与应用，实施农业物联网工程；注意培养一批农技推广骨干人才，完善基层农业综合服务站服务功能，加强对茶叶、高山蔬菜、特色养殖等特色优势产业的专业服务；健全农产品质量安全检验检测和监管体系。

加强市场体系建设。大别山区支持扶持发展供销合作社、农民专业合作社、专业服务公司、专业技术协会，为农村流通大户、农民经纪人、龙头企业等市场主体提供多种形式的生产经营服务；健全农产品流通体系和农产品市场体系，发展农产品现代流通方式，深入推进新网工程、“双百”市场工程、粮食现代物流工程，完善鲜活农产品冷链物流系统；加快农产品加工连锁农家店和配送中心建设，开展多种形式的“农超对接”，鼓励农民专业合作社在城镇社区设立直销店、连锁店；加大农产品营销力度，大力发展农产品推介会、产销对接会、特色农产品交易会以及网络营销等营销方式，适时发展农产品期货交易市场。

表 4－1　安徽大别山区十二五期间特色农业基地概况

特色农业基地
有机茶叶基地。金寨、裕安、霍山、舒城、金安、潜山、宿松、太湖、望江、桐城、岳西等有机茶叶基地
油茶基地。金寨、舒城、霍山、裕安、金安、叶集、潜山、宿松、桐城、望江、岳西、太湖等油茶基地
高效蚕桑基地。金寨、霍山、裕安、潜山、桐城、岳西、颍上、太湖等优质高效蚕桑基地
高山蔬菜基地。霍山、金寨、桐城、岳西、太湖、潜山等高山蔬菜基地
有机蔬菜基地。金安、裕安、临泉、潜山、舒城、太湖、桐城、颍上、裕安、寿县、岳西、阜南等有机蔬菜基地
设施蔬菜基地。阜南、金寨、宿松、颍上、临泉、望江、寿县、霍邱等设施蔬菜基地
优质水果基地。金寨、霍邱、阜南、宿松、临泉、太湖等优质水果基地
干果基地。霍山、金寨、潜山、宿松、太湖、岳西等山核桃、板栗、银杏等干果基地
肉类基地。霍邱、霍山、金安、金寨、舒城、裕安、阜南、利辛、临泉、寿县、宿松、太湖、桐城、望江、叶集、岳西、潜山等肉类基地
精养、生态渔业基地。舒城、金寨、金安、裕安、阜南、临泉、宿松、霍山、太湖、桐城、望江、颍上、寿县、岳西等精养、生态渔业基地

岳西是典型的农产品资源县。我们在调查中发现，近年来，岳西充分利用并发挥其得天独厚的地理自然资源优势，一批优势特色农产品逐步形成产业集聚，已初步构建特色农产品品牌，为特色农产品品牌化发展奠定了坚实基础。岳西特色农产品呈现如下特点：

第一，大力发展现代农业，形成三大特色产业。岳西大力发展现代农业，逐步形成茶、桑、菜三大特色产业。2015 年茶园面积发展到 13 万亩，茶叶总产 3000 吨，产值 3.5 亿元，跻身全国茶业百强县之列；桑园面积 9.8 万亩，全年养蚕 9.5 万盒，产值近 7000 万元，蚕种饲养量和产茧量均居全省第一；全年种植高山蔬菜面积 13.8 万亩（含复种指数），产量 14.6 万吨，产值 5.2 亿元。在 5.5 万亩高山茭白基地中，有 4 万亩通过无公害认证，102 亩通过有机认证，高山茭白生产基地成为全国最大的无公害高山茭白生产基地。蔬菜产业涉及 17 个乡镇，88 个行政村，32180 户，岳西县蔬菜基地获“全省蔬菜产业化十大特色基地”称号。

第二，依托优势资源，形成产业自然片区。岳西全境皆产翠兰茶叶，最优产区有三大自然片：一是以姚河香炉冲为核心的姚河、头陀、黄尾、主簿、石关等乡镇；二是以包家石佛寺为核心的包家、古坊、河图、青天、来榜等乡镇；三是以田头闵山为核心的田头、五河、菖蒲、中关等乡镇。利用高山冷浸田生产的“大别山”牌高山茭白主要分布在海拔 600 米以上的石关乡、主簿镇。近年来，岳西县逐步形成了石关、毛尖山乡板舍村、响肠镇下浒村、冶溪镇白沙村、姚河乡等高山反季节蔬菜生产基地。红心猕猴桃则形成了以包家、主簿余贩、响肠镇请水寨村为主要生产基地的集聚区。

岳西特色农产品发展势头也较好，主要表现在以下方面：

第一，特色农产品资源总量不断增大，为农产品产业化发展奠定了基础。近年来，岳西立足地区资源比较优势，积极发展特色农产品产业，特色农产品总量不断增加，质量不断提高。随着我国经济社会发展，特色农产品市场需求不断扩大，必然为农产品产业化发展带来新的机遇。

第二，区域布局基本形成，产业基地建设初具规模。按照依托优势资源、提高产品质量、扩大规模、增加效益的思路，岳西县积极开展特色农产品的区域布局工作，基本形成了茶、桑、菜三大特色产业的产业布局，区域化种植、规模化经营的特色产业格局初步形成，并且在一些龙头企业的带动下，逐步向主产区集中，产业基地建设初具规模。

第三，龙头企业不断涌现，产业化水平逐步提升。在岳西特色农产品产业发展过程中，涌现了一大批龙头企业，天馨、天鹅、良奇翠兰、华之慧等龙头企业的带动辐射作用不断加强，使得岳西特色农产品产业化水平逐步提升。岳西大力培育新型农村经营主体，做强龙头企业，延伸产业链，促进农民增收，保护生态环境，做好绿色生态文章。

第四，生产标准化体系不断完善，各企业品牌意识不断加强。近年来，安徽省教育厅主办在皖高校深化拓展“大别山道路”暨服务老区加快发展推进会，安徽农业大学等高校开展“走大别山道路”等活动，积极支持岳西发展特色农产品。在此背景下，岳西县特色农产品科技创新速度不断加快，技术引进和开发力度进一步增强，选育推广优良品种速度加快，标准化生产体系建设不断完善，农产品的科技含量有所提高。各企业品牌意识不断加强，涌现了岳西翠兰茶叶、岳西板栗、红心猕猴桃、“大别山”牌高山反季节无公害蔬菜等品牌，品牌影响范围不断扩大。

第五，品牌营销模式初步形成，创新力度有所提高。岳西特色农产品产业发展过程中，逐步形成了农户自主经营、政府推导、龙头企业带动、合作经济组织销售等品牌营销模式，这些模式在某种程度上对塑造岳西特色农产品品牌形象和推动岳西特色农产品的品牌发展发挥着重要作用，但这些模式本身也有着一些不足，如创新力度不强等，使得岳西农产品品牌发展受到影响。

总体来说，安徽大别山区特色农产品品牌建设归纳起来有以下特点：

1. 品牌识别特征不清晰，品牌认知度不高

岳西县生产的“大别山”牌高山蔬菜较早注册了品牌商标，具有无污染、无公害、反季节、肉质嫩、味鲜美等特点，产品每年7～9 月集中上市，较好地填补了国内市场的伏缺和秋淡，深受广大消费者青睐，但是品牌识别度不高，难以形成与其他品牌高山蔬菜鲜明的差异，品牌形象难以深入人心。金寨县安态特色农产品有限责任公司是六安市农业产业化龙头企业、六安市茶叶产业会员单位，“安态”牌商标是安徽省著名商标。公司依托金寨县优越的生态环境、丰富的野生食品资源、丰硕的特色农业开发成果，致力于开发、加工、销售“安态”牌系列特色农产品，以六安瓜片、金寨翠眉、金寨雨毫、皖西白茶等茶叶为主营产品，兼营食用菌、野生食品和保健中药材等 4 个系列 50 多个品种。

正是因为“安态”牌系列产品品种繁多，品牌识别不清晰，人们很难把“安态”牌和金寨联系到一起，因而也很难使金寨特色农产品获得很高的认知度。

2. 品牌定位精准，特色产业发展较快

品牌定位是品牌建设的落脚点。品牌定位有两种途径：一是集中于消费者；二是集中于竞争者。这两种方式都要满足目标顾客所需要的品牌利益，前者根据目标顾客的期望利益去建立有利的品牌形象，后者通过区别竞争者品牌以获得目标顾客对本品牌的独特认识。所以，农产品生产经营者应综合运用各种资源，多渠道、多层面挖掘有效的区分创意，提炼品牌定位点。

近年来，在各级政府的科学引导下，安徽省大别山区特色农产品品牌定位精准，建设内容丰富，形式多样，既包括注册商标、名牌产品认定、质量安全认证（有机食品、绿色食品、无公害农产品认证）等，又有中国特产之乡评定和地方特色农产品申请原产地保护等，推动了特色农产品的发展。

3. 品牌形象塑造意识清晰，但品位较低

品牌形象塑造是品牌建设的精神内涵。品牌不但是不同企业及其产品之间差别的标识，而且创立优质品牌也会给生产商带来源源不断的利润和更多的无形资产，包括企业的知名度和美誉度，顾客对产品和品牌的忠诚和信赖等。许多生产商清醒地意识到树品牌、创名牌对企业的重大意义，注重品牌文化建设，利用历史文化提高品牌形象、区隔其他竞争品，增加品牌的文化附加值和含金量。但由于缺乏资金支持，加之企业人员素质低，造成许多企业的品牌简单随意，品位较低，缺少文化内涵，出现了农产品品牌较为混乱的现象。

4. 品牌提升步伐加快

省级和地方通过组织举办和参与各类农产品展示展销会等有效措施，集中宣传和打造地区品牌，扩大了农产品品牌的知名度。六安瓜片、霍山黄芽、“皖峰”瓜蒌籽、“皖江”大闸蟹和大别山油茶籽油、葛粉、山核桃、天麻、菌种、百合等一大批地方名优产品有较高的知名度和市场美誉度。

5. 品牌推广力度不大

目前，由于我省的农业生产企业主要处于短期投资获益阶段，没有能够从长远角度考虑品牌投资经营，而且主要是与国内的农产品品牌进行竞争，没有把眼光扩展到全球竞争的视野。虽然有部分农产品质量很好，但是由于品牌推广力度不够，知名度不高。还有一些农产品品牌虽获得了良好的知名度，得到顾客的普遍认可，但是由于生产规模小，不具备成长为具有国际影响力的农产品大品牌的能力。这种竞争状况不利于资源的优化配置，无法突出品牌的竞争优势，更不利于品牌的发展壮大，同时也将抑制农产品品牌的可持续发展。

第二节　安徽大别山区特色农产品品牌建设存在的问题

一、生产经营者品牌意识淡薄

当今，我国在保护特色农产品品牌方面的意识不够强，市场机制尚不健全，法律体制尚不完善。特色农产品的生产经营者品牌经营和品牌保护意识缺乏，致使农产品品牌被抢注或假冒的现象屡见不鲜，在经济收益和农产品声誉方面都给生产经营者带来不可预料的损失。由于只注重眼前利益，缺乏长远规划，许多特色农产品的生产经营者不愿进行品牌建设，大都沿用传统的地域品牌模式，致使同一地区同类产品竞争激烈。部分特色农产品的生产加工企业对培育和发展品牌缺少全面认识，不重视在市场竞争中创名牌、保名牌。还有很多农业生产者在品牌认识上存在偏差，把商标或农产品本身等同于品牌，没有看到它的长期效应，缺乏与消费者关于品牌理解的沟通，只把生产经营放在自己的传统产品上，没有对市场需求做调查，也就不能围绕市场需求的变化突破原有的有形产品实体的局限，这与现代营销观念下的“先做市场，后做工厂，再做产品”的思路完全矛盾。同时由于资金有限，很多特色农产品生产加工企业只是简单地创立品牌而不进行品牌的推广，致使部分农产品有牌无名，市场范围仅局限在原产地。

二、品牌规模较小，名牌和精品少

除极少部分群体品牌外，大部分农产品仍存在“诸侯割据、各自为政”现象，难以形成组团出击、集中打响品牌的合力，缺乏市场竞争力。在已获农产品品牌中，绝大多数农产品品牌市场知名度较低。

三、产品科技含量不高，附加值低

安徽省现有的大别山特色农产品多为自然型农产品，精深加工少，科技投入不足，使大多数特色农产品科技含量不高、附加值低、品质差，难以保持市场领先地位。同时企业自主研发能力弱，在农产品生产经营的关键环节，如生产、冷藏、包装和产品检测等方面技术落后。

四、农产品品牌生命周期短

20 世纪 80 年代后期，我国才出现农产品品牌意识和品牌管理。目前，品牌管理基本还处于较低的层次水平上。我国大多数农业生产经营者几乎没有品牌管理的概念，一味追求知名度却忽视质量研发、品牌定位、品牌运作和品牌的形象维护等，缺乏宏观地统一规划与指导。

五、特色农产品品牌营销观念存在一些误区

1. 做品牌就是做名牌

许多特色农产品经营者认为，做销量就是做品牌，只要销量上来了，品牌自然就会得到提升，将品牌知名度狭义地理解为品牌的全部。他们认为只要全力以赴地搞好广告宣传或造势炒作就可成为强势品牌，忽视了品牌认同的根本是品牌具有良好的美誉度，没有美誉度作为基石，这样的品牌是没有生命力的。

2. 商标等于品牌

品牌与商标是极易混淆的一对概念，一部分公司员工错误地认为产品进行商标注册后就成了品牌。事实上，两者既有联系，又有区别。具体表现在：①商标是品牌的一部分；②商标是一种法律概念，而品牌是市场概念；③商标掌握在企业手中，而品牌

是属于消费者的。

3. 品牌是靠广告打出来的

品牌知名度可以在短期内达到，而品牌联想却是品牌建设的一项长期工程，是在品牌长期的发展中建立的资产；作为保持品牌稳定销售的主要指标——品牌忠诚度，更不是短期广告所能达成的，除了完善的品牌规划设计和持续优良的产品品质获得顾客满意度外，更有品牌长期一致的传播在消费者心中建立的价差效应（与其他品牌比较，顾客愿意做出多大程度的额外付出）。同时，消费者对品牌品质的肯定更是广告所无法做到的，它不仅需要品质恒定如一，更有对品牌在发展过程中提出的创新要求。因此，广告并不能打造品牌的全部。

第五章　安徽大别山区特色农产品品牌建设存在问题的原因分析

第一节　农产品的生产规模小，综合质量水平不高

众所周知，品牌的创立需要一定的生产规模和经营规模，使生产的产品占有一定的市场份额，从而扩大某一品牌对市场的影响力。长期以来，安徽省农业生产规模小，农产品技术含量低，这一问题是影响品牌形成的一个障碍。主要表现在：一是一家一户的生产，成本高，收益低；二是农业生产规模小，资金积累慢，难以进行生产创新和新技术开发，从而难以实现品牌战略管理；三是生产商（企业）的规模小，难以独立建立各自的市场营销渠道，稳定农产品的市场占有率。

品牌建设的根基是优质的产品质量，享有良好声誉的品牌首先应该代表的是过硬的产品综合质量。这里所说的综合质量包含农产品的安全性、营养性、风味性以及对农产品加工制品所要求的符合国际标准的深度加工技术含量。特色农产品的综合质量不

过硬，从根本上延缓了品牌建设的步伐。首先，各地区间种植结构相似，专业化、商品化水平较低。在不同自然条件、技术条件的区域，没有合理地安排种植内容，忽视农产品较强的地区适宜性，令农产品失去该品种特有的风味。其次，过量使用化肥和饲料使风味淡化。如过量使用氮肥会加重土壤的盐碱性，使土壤板结，土壤肥力下降；还可能使瓜果、蔬菜中的硝酸盐累积，从而影响农产品风味和品质。再次，不适当或过量使用农药和抗生素。一些农户只求农产品产量上升而不顾食品质量安全，在农业生产中不适当或过量使用农药，使得农产品的农残含量过高，难以达到国内市场标准。如韭菜在多次抽检中被查出农残含量过高，主要是因为农户对农药使用不合理，在种植前用农药浸种，韭菜生长时将农药吸收在体内难以除去。最后，检疫防疫不严使农产品遭受感染。加强种苗的检疫、防疫工作可以防止对农产品有危害的真菌、细菌、病毒、害虫及其他有害生物随着农产品在种养场所里传播蔓延。国内有些育苗单位不严格执行检疫程序，使大量农产品遭受感染，给农业生产带来巨大经济损失，品牌建设更是无从谈起。

第二节 企业实施品牌名牌战略的专业管理人才缺乏

品牌名牌战略的实施是一项复杂的系统工程，要求企业有较高水平的专业人才组织实施，专业人才的缺乏是影响企业名牌战略实施的重要因素之一。当前安徽省特色农产品的生产经营企业大多是规模小、实力弱的民营企业，多处在发展的初期，管理模式以家族式和股份合作制为主，企业缺乏科学、公正的人才选拔、考核、晋升机制，内部缺乏公平、外部缺乏竞争，同时由于薪酬水平较低，企业虽渴望人才却难以吸引和留住人才。再则，行业缺乏吸引力，难以招聘到高素质的专业人才。

第三节　行业协会对特色农产品品牌建设组织与引导效果不明显

行业协会的主要作用在于：为农业企业和农户提供沟通和交流平台、促进农产品相关信息的透明化；实现行业自律，加强行业内的自我约束，抵制不正当竞争行为；组织专业人员为农户和农业企业提供农产品生产加工的新技术，促进农产品差异化竞争；协助农产品生产经营者向消费者传递品牌农业的综合优势。由于当前各地的特色农产品行业协会代表性不强和覆盖面不广，导致行业协会对特色农产品品牌建设指导达不到理想效果。

第四节　政府对特色农产品产业发展的支持力度相对不足

2008 年下半年至今，是我国出台农产品市场调控政策最多、对农业生产扶持力度最大的一个时期。我国政府为推动农产品品牌建设的完善，在信贷支持、税收优惠、流动便利、产品促销等方面提供政策扶持。如政府允许符合特定条件的农业龙头企业暂免征企业所得税，提高了农业龙头企业生产经营的积极性，有利于龙头企业带动周边农村地区经济的发展。但与国外相比，我国政府对农产品品牌建设给予的支持力度还很不够。从发达国家的成功经验看，政府行为对促进农业发展和增加农民收入至关重要。美国一直坚持对农业的支持和补贴，增加农民收入始终是其农业法案追求的目标，支持和补贴的农产品品种不断增加。再以日本为例，日本政府在农产品品牌建设中发挥主导作用：政府成立“农林水产品出口推广协议会”，负责与外国政府交涉取消农产品进口壁垒；政府出资建立贸易振兴机构，在全球组织专家进行市场调研、提供分析报告和具体建议，并积极组织农产品展销、推销会，投入大量资金强化对农产品品牌的宣传力度；对农产品出口还给予直接的资金支持，用于促进出口和新品种保护。我国加入世界贸易组织后，农产品的市场竞争更加激烈，而我国贸易保护政策的取消和国内农业支持政策的不足，都在很大程度上增加了我国农产品品牌建设的难度。

第六章　国内外发达国家和地区特色农产品品牌建设的经验借鉴

第一节　国内特色农产品品牌建设的经验

一、合肥“老乡鸡”品牌建设

安徽本土快餐行业的“老乡鸡”现在已是家喻户晓的著名品牌，其实早在远古时代民间就有流传“从肥东到肥西，逮了一只老母鸡”的口头禅。由于“老乡鸡”具有特色农产品的性质，企业对它进行了资源开发，利用原生态的环境进行养殖，已获得了“中国驰名商标”“国家地理标志”“中华餐饮名品店”“中华名吃”“绿色产品”“中国餐饮百强企业”等多项称号。

2003年，束从轩先生在饲养土鸡20年、成为安徽最大养鸡企业的基础上，创办了第一家以土鸡及土鸡汤为特色的快餐店，取名“肥西老母鸡”。

由于一直坚持使用最正宗土鸡入料，2011年，“肥西老母鸡”

快餐店突破100家！

2012年，在引入更多优秀管理人才和更先进的经营理念后，“肥西老母鸡”迎来品牌升级，100多家店一夜之间改名“老乡鸡”，这更让“老乡鸡”迎来飞速发展。

2014年，“老乡鸡”门店数突破300家！

近年来，“老乡鸡”与金龙鱼、李锦记、益海嘉里粮油、农夫山泉等巨头合作，力保食品安全；“老乡鸡”始终坚持直营，并严控烹饪流程，坚守“制成品过30分钟必须倒掉”，确保每道菜品都处于最佳保鲜期。

正因为如此，越来越多的人到“老乡鸡”吃快餐，在安徽省，“老乡鸡”店面数量已超过两家洋快餐总店数的两倍，全国已有408家直营店，2015年接待人数突破4000万。“老乡鸡”俨然已成为中式快餐全国领先品牌。

老乡鸡集团旗下肥西老母鸡农牧公司采用“公司＋经济合作组织＋农户”经营模式，通过肥西老母鸡江夏合作社、杨店合作社与农户合作养殖“绿色土鸡”，由公司统一供应种苗、饲料、药品和技术，以合同价回收。旗下肥西老母鸡家园公司位于紫蓬山国家森林公园，是无公害老母鸡的散养地，长期为餐饮公司提供老母鸡原材料，并且培植苗木花卉，开展农家乐和生态旅游。家园公司被评为国家4A级风景区、安徽省5星级农家乐、国家休闲旅游示范点，目前主要为游客提供自然生态风景观光、垂钓、斗鸡、真人CS以及餐饮、住宿、会议等项目。旗下肥西老母鸡餐饮有限公司是从事快餐的连锁店，是老乡鸡集团第一产业向第三产业的延伸。

老乡鸡集团构建了三条产销营销方式：即肥西老母鸡家园公司自然生态饲养基地及与农户和农民经济合作社合作将老母鸡、鸡蛋直接供应给生鸡连锁专卖店；老乡鸡餐饮公司经过对老母鸡的加工、深加工，最后到达消费者；直接对消费者开放，提供乡村旅游业的旅游餐饮一体的农家乐。老乡鸡集团这种营销理念恰好迎合了目前大多数消费者既要吃得健康、环保、绿色，也要玩得健康、环保的愿望，这也正是老乡鸡集团在短期内有长足发展的重要原因。

二、信阳毛尖品牌建设

河南省信阳市位于我国南北地理分界线和南北气候过渡带上，大别山横贯信阳南部，淮河穿越信阳北部，一南一北两大天然生态屏障，造就了信阳独特的地理环境，被誉为“江南北国，北国江南”，是国家级园林城市、国家级生态示范市、国家级卫生城市、中国优秀旅游城市、中国最美丽城市、中国十佳宜居城市和中国最具幸福感城市。特殊的地理位置、良好的自然生态条件使信阳成为我国北方边缘茶区，是全国最大名优茶生产大市之一。信阳是茶的故乡，茶是信阳的象征，是信阳市的“金名片”。

信阳毛尖又称豫毛峰，属绿茶类，是中国十大名茶之一，河南省著名特产，由信阳茶农创制于民国初年，主要产地在信阳市和新县、商城县及境内大别山一带。信阳毛尖具有“细、圆、光、直、多白毫、香高、味浓、汤色绿”的独特风格，具有生津解渴、清心明目、提神醒脑、去腻消食等多种营养价值。信阳毛尖品牌多年位居中国茶叶区域公用品牌价值第 3 位，曾于 1915

年在巴拿马万国博览会上与贵州茅台同获金质奖牌。1990年信阳毛尖品牌参加国家评比，取得绿茶综合品质第一名。信阳毛尖被誉为“绿茶之王”。

信阳具有茶树生长得天独厚的自然条件。那里年平均气温为15.1℃，一般年份界于14.5℃至15.5℃之间。3月下旬开始，日均温达10℃，可持续220多天，直到11月下旬才下降。有效积温达4864℃，80%的年份为4683℃。4至11月的月平均气温为20.7℃，最热的7月份月均温为27.7℃，最冷的1月份月均温为1.6℃。信阳的雨量充沛，年平均降雨量为1134.7mm，而且多集中在茶季。4～11月的光照时数为1592.5小时（占全年总时数的73%），太阳辐射量为89.25千卡/cm^2，有效辐射量为43.74千卡/cm^2。

信阳山区的土壤多为黄、黑沙壤土，深厚疏松，腐殖质含量较多，肥力较高，ph酸碱度在4～6.5之间。历来茶农多选择在海拔300至800米的高山区种茶。那里山势起伏多变，森林密布，植被丰富，雨量充沛，云雾弥漫，空气湿润（相对湿度75%以上）。太阳迟来早去，光照不强，日夜温差较大。茶树芽叶生长缓慢，持嫩性强，肥厚多毫，有效物质积累较多。尤其是信阳处于北纬高纬度地区，年平均气温较低，很有利于氨基酸、咖啡碱等含氮化合物的合成与积累。

20世纪初，信阳茶发展迎来了一个新的高潮，甘以敬、陈雨人、薛温伯、蔡竹贤、王选青、刘墨香等人提倡开山种茶和垦复老茶园，集股筹资，先后在西、南部山区开荒种茶，相继建立元贞、宏济（车云）、裕申、广曾、森森（万寿）、龙潭、广生、博厚八大茶社。在学习借鉴瓜片、龙井等茶加工工艺的基础上，不断改良信阳茶叶加工技术，研制出了毛尖茶，当时生产出的优质本山毛尖茶，就叫“信阳毛尖”。

1915 年，为了纪念巴拿马运河开航和人类发现太平洋 400 年，美国政府在旧金山组织召开巴拿马万国博览会，中国众多商品参展。据当时农商部长陈琪所编《中国参与巴拿马太平洋博览会纪实》记载，中国展品获得各种大奖 74 项，金牌、银牌、铜牌、名誉奖章、奖状等共 1200 余枚，在 31 个参展国中独占鳌头。中国一向以丝绸、茶叶、瓷器等著称于世，在这次博览会茶叶类比赛中，中国茶叶赛品凭着自己的天生丽质和精湛工艺赢得了列国评审团成员的青睐，最终中国茶品挫败外国对手，共获大奖章 8 个、荣誉勋章 6 个、金奖 21 个、银奖 4 个、铜奖 1 个。据《筹备巴拿马赛会河南出品协会杂志》记载，当时信阳县选定毛尖茶、贡针茶、白毫茶、已熏龙井茶、未熏龙井茶、珠兰茶、雀舌茶等茶样出国参赛，最终，车云山采制的信阳毛尖茶以其外形美观、香气清高、滋味浓醇，独树一帜，获得巴拿马万国博览会金质奖牌和奖章，从此奠定其百年名茶的历史地位，名扬海内外。

1. 重视种植加工，致力打造富农茶产业

信阳市茶叶产区主要分布在大别山腹地，茶树多生长在海拔 300～800 米的浅山上，生态良好，森林覆盖率高，有的森林覆盖率超过 70%。那里四季分明，日照充足，降雨丰沛，植被丰富，土壤肥沃，非常适宜茶树生长。优越的地理条件和独特的加工工艺，造就了信阳毛尖“形美、色翠、香高、味浓”的优良品质，受到茶行业的高度评价和国内外消费者的青睐。

茶产业是信阳市的传统特色优势产业，也是竞争力强、前景广阔的生态产业、富民产业，茶产业的发展一直得到了全市各级党委政府的高度重视。信阳市委、市政府立足市情，围绕《河南省茶产业发展规划（2011—2020）》，相继制定并实施了《“十一五”茶产业发展规划》和《信阳市茶产业发展规划（2012—2020）》，并出台了关于茶园管理、质量安全、机械化采茶、市场开拓、茶树病虫害绿色防控、茶叶质量可追溯体系建设、证明商标管理等相关文件，采取一系列措施，实现全市茶产业规模化、良种化、标准化、生态化发展。

2. 多元发展，不断延伸茶产业链条

在“信阳毛尖”品牌的引领下，信阳茶产品结构逐步优化，由过去单一加工生产炒青、烘青、蒸青等绿茶，发展到可加工生产绿茶、红茶、黑茶、青茶、白茶等多茶类。2010 年，通过全市上下各部门联合攻关，不断创新，研制出了具有信阳特色品质风味的“信阳红”。

茶产业链条的延伸拉长，推动了信阳市夏秋茶资源的充分利用，茶产品结构正在趋向合理，茶产业后发优势正逐步显现，在茶饮料、茶食品、茶保健品、茶日用品、茶包装、茶机械等方面的研发取得重要进展，逐步形成茶产业的整体优势，为信阳茶产业发展注入新的活力。

3. 政府重视支持，着力打造公共品牌

经过百年探索改良，“信阳毛尖”形成了一套独特的传统手工加工工艺，即为：筛分、摊放、生锅、熟锅、初烘、摊凉、复烘等多道工序，造就了其“外形细圆紧直，色泽翠绿，白毫显露，内质汤色嫩绿明亮，滋味鲜爽回甘”的优异品质。

“信阳红”以其“外形条索紧细，色泽棕润多金毫，内质汤色红亮，香气甜香持久，滋味醇厚甘爽，叶底嫩匀红亮”的独特品质，一经面世，就受到了消费者的广泛青睐。“信阳毛尖”和“信阳红”是信阳的两大茶叶公共品牌。

1958年，信阳毛尖被评为全国十大名茶；

1982年、1986年，被评为部级优质产品，荣获全国名茶称号；

1990年，信阳毛尖在全国绿茶评比中，以最高分获得中国质量奖金奖；

1991年，在杭州国际茶文化节上，被授予“中国茶文化名茶”称号；

1999年，获得昆明世界园艺博览会金奖；

2002年，“信阳毛尖”原产地地理标志获国家质监总局批准；

2003年，“信阳毛尖”证明商标被国家工商总局批准；

2007年，获得日本世界绿茶大会最高金奖；

2007年，信阳毛尖采制技艺作为民间手工技艺被省政府批准为第一批河南省省级非物质文化遗产；

2008年底，《地理标志产品　信阳毛尖》国家标准获国家标准委批准发布；

2009年新中国成立60周年前夕，信阳毛尖茶被河南省质监局授予“十大最具影响力地理标志产品”荣誉称号；

2010年6月，在中国（澳门）国际茶业博览会上，信阳有

10 多家茶企业产品入选最受港澳茶客欢迎的中国茶品牌；

2013 年初，信阳市被人民网评为“中国最具影响力十大茶产地”第一名；

2014 年，“信阳毛尖传统采制技艺”成功入选国家非物质文化遗产项目名录；

2015 年 4 月，经浙江大学 CARD 农业品牌研究中心评估，信阳毛尖品牌价值达 55.73 亿元，位居全国第 3 位。

4. 创茶文化特色，实现富民强市

茶产业作为信阳市的农业特色产业，代表着信阳市的形象，关系到百姓的民生。截至 2014 年底，信阳茶区茶园面积达 210 万亩，茶叶产量达 6 万吨，总产值达 90 亿元。信阳形成茶城、茶乡、茶农、茶企、茶人的“茶”的特色，全市现有国家级农业产业化龙头企业 1 家，省级龙头企业 14 家，市级龙头企业 64 家，中国茶行业百强企业 6 家；拥有中国驰名商标 7 个，中国名牌农产品 3 个；现有茶叶从业人员超过 120 万人；茶农人均种茶收入超过 5000 元。茶叶已成为信阳山区农民致富奔小康的重要收入来源，是信阳市农业增效、农民增收、农村繁荣的一大特色亮点。

5. 茶旅游、茶名胜、茶文化浑然天成，传承茶文化

信阳遍地是茶，信阳人人好茶。信阳人种茶、制茶、品茶、论茶，以茶为生、以茶为乐、以茶会友、以茶表意，是信阳社会生活的生动写照。信阳人爱喝茶，会喝茶，不可一日无茶，“茶为国饮”在信阳得到了最生动的诠释。

在城市规划上，建设了南湾湖茶岛、茶之韵广场、茶文化一

条街、信阳茶坛、郝堂茶人家等一批茶文化旅游项目。在城市景观上，从楼宇、桥梁、道路、公园、广告、路牌等，或具以茶状，或冠以茶名，处处体现“茶”的元素。在城市美化上，广植各种茶树，营造茶的氛围，着力营造“城在茶中，茶在城中，人在画中”的意境。在城市生活中，茶楼、茶馆、茶社、茶店抬眼可见，漫步城中，茶香随处可闻。茶旅游、茶名胜、茶文化相辅相成。通过普及茶文化教育，开展茶道、茶艺表演，举办茶诗歌、茶书画、茶摄影、茶歌舞等活动，“茶”延伸到信阳各个角落，融入每个信阳人的生活中。

6. 搭建交流平台，扩大合作交流

自1992年以来，信阳市以饮誉海内外的中国十大名茶“信阳毛尖”为载体，连续成功举办了多届信阳茶文化节。每届（国际）茶文化节都组织了招商引资、茶叶展销、经贸、旅游、文化娱乐等丰富多彩的活动，搭建起茶行业交流合作平台，推动了信阳茶产业的发展，提升了信阳的城市形象和知名度，取得了可观的经济效益和社会效益，成为河南省标志性节会和中国最具影响力的茶节会品牌之一。

信阳在办好自身茶文化节的同时，带领企业走出去与全国茶界进行交流、融合、学习，相继参加郑州茶业展、北京茶业展、上海茶业展、广州茶博会等国内一流的茶叶行业展。信阳作为全国重要的茶叶产区，为更好地宣传“信阳毛尖”“信阳红”，多次举办或承办全国有影响力的茶事活动，助推信阳茶走向全国，迈向世界。

2010年开始，连续两年在全国主要茶叶消费大城市如北京、上海、广州、武汉、福州、杭州、郑州等地开展了声势浩大的“信阳红风暴”系列宣传营销推介活动，向全国人民展示展销、宣传推介“信阳红”，取得了巨大成功，“信阳红”迅速红遍了大江南北。

7. 依托龙头企业，锻造强势品牌

信阳市茶叶企业拥有国家级农业产业化龙头企业 1 家，省级龙头企业 14 家，市级龙头企业 64 家，中国茶行业百强企业 6 家；拥有中国驰名商标 7 个，中国名牌农产品 3 个。2013 年，信阳被农业部批准为全国唯一的国家级茶叶市场。目前，信阳市依托龙头企业，已在全国主要城市建立品牌形象店 300 多家，设立营销网点 1500 多个。“信阳毛尖”淘宝店铺超过 600 家，全年销售额超过 2000 万元。同时，信阳市茶叶出口取得新突破。2014 年，信阳市有茶叶自营出口企业 5 家，代理出口企业 2 家，全市茶叶自营出口达 4650.9 吨，货值 1285.4 万美元，创历史新高。

信阳市文新茶叶有限责任公司创建于 1992 年，拥有定点茶园和辐射的茶叶生产基地 30 万亩，年生产加工能力 50 万公斤。通过二十多年的发展，公司成为集茶园栽培管理、初制生产、精制加工、销售、科研和弘扬茶文化于一体的省级农业产业化重点龙头企业。

公司下辖 4 个分公司、508 家专卖店、22 家茶馆、2 个现代化茶叶加工厂和一条国内最先进的信阳毛尖机械化、清洁化生产线，在全国大中城市设立了 318 个代理经销商，现有员工 376 人，其中党员 75 人、团员 145 人，是信阳市率先成立党、团支部、工会等组织的民营企业。多年来，在公司董事长、总经理、党支部书记刘文新的带领下，坚持创新经营机制，发展名茶产业的理念，实施“公司＋基地＋合作社＋农户”的发展模式，做到生产基地、市场营销、名牌战略协调发展，走上了品牌化、标准化、绿色化和产业化的发展轨道，实现了公司的跨越式发展。公司建有生态有机茶园基地，与6000多户茶农签订了保价收购合同。

公司的主导产品“文新”牌信阳毛尖，有36个系列，300多个品种。1997年，“文新”牌信阳毛尖在中国国际茶会上荣获金奖；1998年，在中国国际茶文化交流会上荣获“中国公认名牌产品”称号；1999年获“河南省重点保护产品”称号；2001年被中国绿色食品发展中心认定为一级绿色食品，产品准许使用绿色食品标志；2002年取得有机茶认证；2004年被评为河南省名牌农产品和河南省著名商标，取得了茶叶类首批QS认证，并通过了ISO9001国际质量体系认证；2006年被评为中国名牌农产品；2007年，在日本举行的第二届世界绿茶评比大会上荣获最高金奖，获中国（郑州）国际茶业博览会茶叶质量评比金奖、中原地区茶叶畅销品牌并获得省质量监督局颁发的“AAA级标准化良好行为企业”认证；2008年获得河南省“盛弘杯”绿茶评比一级、特级金奖；2009年，在“恒天杯”全国名优绿茶评比会上荣获金奖。

2002年公司被评为市级先进单位和重点保护的非公有制企业；2003年被评为省级重合同守信用企业、省级青年文明号、全国青年文明号；2006、2008、2009年被中国茶叶流通协会评为“中国茶叶行业百强”；2008年被评为“河南省‘九峰杯’茶叶行业十佳茶企业”；2009年被评为“中国茶叶行业AAA信用等级企业”。公司总经理刘文新也先后荣获中国十大杰出青年农民、全国劳动模范、全国五一劳动奖章、中国青年五四奖章、全国农村青年创业致富带头人标兵、中国茶叶行业十大经济人物等荣誉。

2009 年 9 月位于信阳市羊山新区，占地 120 余亩，集茶叶精制加工、精细包装、深加工、仓储、现代化物流配送于一身的文新茶叶新科园的开工建设，实现了文新公司发展的又一次跨越。

文新公司的快速发展，得到了中央、省、市、区各级领导的关心和支持。面对新的机遇和挑战，文新人提出了新的希望和要求，计划在 2015 年前实现“五个一”的目标：一是打造一个驰名中外的茶叶品牌；二是成为一家国家级农业产业化重点龙头企业；三是年销售收入 5.8 亿元；四是实现税利 5000 万元；五是带动 10 万户茶农达到小康生活水平。

新起点，新征程。信阳作为中国产茶大市，发展面临新常态、新机遇，将以茶经济为引领，借助国家实施“大别山振兴规划”这一历史机遇，积极融入“一带一路”战略布局，持续实施好《信阳市茶产业发展规划（2012－2020）》，进一步加快全市茶产业发展，提升茶产业的核心竞争力和可持续发展能力，努力实现茶产业“安全、生态、高产、优质、高效”发展，为信阳茶产业的发展注入新活力，为信阳跨越式发展带来新动力。力争到 2020 年，全市茶叶总产量达到 20 万吨，产值达到 300 亿元，实现亩产值 1 万元，茶农人均种茶收入达到 9000 元以上。努力建设成为中原经济区现代茶产业示范区、中部最大的茶叶产销集散地和中国最具影响力的茶文化休闲旅游城市，跨入全国茶产业发展第一方阵。

第二节　国外特色农产品品牌发展的成功经验

一、美国的农产品品牌战略

美国的农业产业化程度很高，品牌附加值也高。农产品直接产出占全美 GDP 的 2%，但通过加工、储运、批发等环节，食品产值占 GDP 的 20%。美国的农产品品牌以科技创新为基础，注重广告宣传，注重流通和销售，同时大多采取专业化经营。

创新是美国农产品品牌价值创造的核心，农产品企业投入大量经费开展研发，申请专利。它们把广告看作是提升品牌形象和市场占有率的重要武器。知名品牌每年的广告宣传费用均在 1 亿美元以上，有的甚至要 10 亿美元，并且其产品在进入国际市场前，都已制订了周密的广告计划。

流通和销售两个环节被放在农业产业体系中最重要的位置。在美国农业产业体系产值构成中，销售占比达到 40%以上。发达的、多样化的销售和流通对美国农产品品牌发展发挥了不可替代的作用。除了企业自己做营销，更多的是生产与营销分离，通过合同把流通、销售环节完全让给专业厂商来做。美国农产品品牌的运作，大多是围绕大型的销售商而展开的。

美国农业是专业化的农业，全国的农产品大部分都是专业化农场提供的，棉花农场、大田作物农场、果树农场、牛肉农场、奶牛农场等各种农场专业化比例都很高。农业专业化经营为美国农产品品牌化打下了良好的根基，为品牌发展提供了保证。

二、法国的农产品品牌战略

法国农产品品牌建设在世界范围内可以算是发展最有特色、最为成功的。法国有其突出的自然资源优势和传统的文化基础，将农业标准化建设与农产品品牌战略相结合，从品牌认证出发，以质量认证为基础，从严格质量管控和政府扶持入手，推动农产品品牌发展。

法国从农产品认证这一农产品品牌发展的关键环节入手，以传统文化和地方资源优势为基础，制定了一系列产品认证体系，其中最有特点、最有代表性的就是“原产地命名控制”认证体系，即 AOC 认证标志。法国的 AOC 葡萄酒，原产地命名的葡萄酒自然是法国葡萄酒中的上品。“原产地命名控制”认证体系将产地与产品挂钩，就等同于将产品的质量、品质与产地原料品种与生产技术挂钩，所以对土地、品种选择、种植、酿造方式、储存、标识、酒精含量等都做出了严格的规定。有了认证的农产品对于消费者来说就增加了信任度和安全度，对农产品品牌的发展有着重要的促进作用。

法国农业是欧盟农业产业化的代表，以粮食产业化、奶类产业化和酒类产业化为特色。荷兰农业产业化以花卉、蔬菜、水果等作物的产业化为其特色。欧盟农业产业化的形式主要有：农业合作社、农业公司、合同契约、参股控股等。欧盟农业产业化的绩效表现为：高效的农业产业结构，现代化的农业生产体系，发达的农产品加工体系，规范的农产品市场体系，强大的农产品出口贸易体系及健全的农业教育、科研、推广体系。

法国是欧盟国家中对农产品标签、成分、生产过程等方面规定最为严格的国家。如法国香槟酒世界闻名，为了保证香槟酒文化的品牌影响力，法律上对香槟葡萄从种植土壤到品种，再到酿造工艺都给予了条文性的规定，只有用香槟葡萄按照传统香槟酒酿造工艺酿造出来的气泡葡萄酒才可以称为香槟酒，不符合要求的只能为气泡酒或气泡葡萄酒，这种严格的要求才使得法国葡萄酒这种“国家品牌”酒名远扬。以高品质为基础发展农产品品牌为法国的农业带来了巨大的利益。

作为世界上第三大农产品出口国的法国，其葡萄酒文化及饮食文化享誉世界，这种文化品牌的建设除了农产品自身的品质基础外，政府机构的支持与管理也发挥了巨大的作用。例如，法国食品协会和农业部就通过在多个国家和地区举办法国食品展览会来倡导“法式生活”方式，每年还邀请不同国家的酒文化爱好者参加品酒大赛，以各式各样的活动向世界传播法国酒文化的魅力，传播法国农业的文化氛围。法国企业在农产品品牌战略实施的过程中，往往凭借其资源和竞争优势，快速地控制世界主要市场，并在较长时期内保持较大的市场占有率。

三、日本的农产品品牌战略

日本进口的农产品品种越来越多，呈现出多样化的趋势。日本对进口的多种农产品的依赖程度都非常高，一旦输出国停止供应，对日本的食品供应影响极大，这样就构成了日本脆弱的农产品供应体系。

为了应对农产品食品供应的危机，日本政府加大支持农产品品牌战略发展的力度。日本国内资源匮乏、市场空间狭小，使得日本企业从诞生时起就要面对残酷的竞争。日本的农业企业在竞争中，通过灵活的市场策略和海外扩张，形成了独具特色的农产品品牌发展战略。

日本农业改革中的一个重大转变是，改变以往防守型的农业政策，以进攻型的农业政策取而代之，开展出口高品质农产品的相关活动，确定“进攻型农政”。日本的农产品积极参与国际竞争，从而推动日本农业提高自身生产效率。

日本农业企业比较注重和善于挖掘顾客的潜在需求，根据顾客的不同需求，组织各具特色的农产品出口，如青森县的陆奥苹果是知名品牌，日本人只喜欢个头适中的苹果，受到冷遇的大苹果却在中国受到消费者的热烈欢迎，而个头很小的苹果则在欧洲市场受到欢迎。日本企业非常注重从创新技术、产品和服务等方面满足顾客需求，从而建立起顾客对企业的忠诚，降低了消费者对价格的敏感度。

日本广泛开展“一村一品运动”，充分发挥各地的比较优势，生产具有家乡风味的特产，各地都推行本地认证，符合质量标准和环保标准的本地农产品，可以打上本地的认证标签。地方认证产生了双赢的效果，通过这些农产品的销售，地方的文化特色得以传播，而依靠地方政府的信誉，又扩大了农产品的销售。可以说，地方认证使得“一村一品运动”更为成熟，更具有规模效应。

日本品牌农产品大多源自地方特产，经过长期改良及准确的市场定位、精美的包装和多彩的广告塑造出来的产品形象和企业形象，使消费者了解、认同了该品牌，提高了消费者对该品牌产品的忠诚感，进而以高质、高价畅销国内外。

为了推进地方品牌的发展，日本政府还与地方农协建立起各种各样的农产品展示销售店，从文化上要附加值；重视食品环保和安全，从绿色上要附加值。

日本因地制宜地进行品种改良，不仅大力改造本国固有品种，而且对原产于外国的农产品，也加以改良，提高品质。许多这样的优良品种又反过来被原产国引进。比如日本从中国温带半干旱地区引进的柿子，经过改良，适应了日本气候，品质和价值远超过中国的传统柿子。

可见，日本农产品品牌发展离不开“健全的法律保障、严格的集体管理、强大的政府支持”。

第三节　国内外特色农产品品牌建设成功经验的启示

国内外特色农产品品牌建设的成功经验对安徽大别山区特色农产品品牌发展具有很好的借鉴和启示意义，具体分析如下：

一、特色农产品品牌战略可以增强农业企业的竞争能力

国内外农产品品牌发展的经验告诉我们，品牌战略是各国参与世界竞争的主要策略。西方发达国家都有完整的品牌战略和

扶持政策体系，从制度和观念上都带动了农产品品牌的发展，通过财政、金融、科技、贸易等诸多方面的政策和措施，促进品牌产业、支持品牌企业、扩大品牌贸易，推进商标品牌的建设发展。

二、特色农产品品牌发展必须建立严格的质量管理体系

国内外著名农业品牌发展的历程告诉我们，它们虽然所处地区不同，农业生产条件也各不相同，但它们的共同点是都通过多种途径，确保农产品的质量安全，在农产品质量安全管理方面已形成一套比较完整的法律法规体系、标准体系、管理体系和安全支持体系，并以此带动农产品品牌发展。在我国，也有一些在农产品质量安全管理方面做得较理想的特色农产品。“信阳红”是我国纬度最高的红茶，对加工工艺要求较高，以夏秋季高档鲜叶为主要原料，结合当地的气候特点，采用独特的采制标准、生产工艺制作，规模化加工，摸索出了一套属于自己的红茶生产工艺，保证了茶叶的品质。

三、发挥龙头企业带动作用，推进农产品品牌建设

在市场导向下，积极推进农产品品牌建设，培育一批市场开拓能力、科技创新能力、资源整合能力都较突出的龙头企业，通过龙头企业的示范及带动效应，引导品牌向精深加工、高附加值方向转移，延伸产业链条，带动相关产业，形成特色优势，将建设、塑造品牌的理念融进各个环节，逐步打造特色农产品品

牌。信阳文新茶叶公司、合肥“老乡鸡”的品牌建设都告诉我们龙头企业在品牌建设及品牌塑造过程中的重要作用。

四、支持农民积极创造品牌，提高农民收入

农业品牌的塑造和推广，可以使品牌获得更多的认可，提升品牌的知名度和美誉度，从而获取更多的经济效益。信阳市传统的茶产业是绿茶，时任省委书记卢展工提出茶产业要创造更多的品牌，多思考茶生产办法，发展红茶，“信阳红”的创立给茶叶产业发展带来了一种品牌和出路，增加了农民收入。

五、政府应积极为品牌发展创造良好的外部环境，建立完善农业信息服务体系

发达国家和地区的农业信息服务，便于农民把生产和销售与市场紧密联系起来，为农产品品牌化发展注入了强大的活力，通过农业科技生产信息支持体系，发展“精准农业”，实现农业耕作的自动指挥及定位、定量和定时的控制，建立了比较完善的农用物资及产品销售的网上交易系统，使电子商务得到最大程度的利用。塑造农产品品牌需要市场和政府两方面力量的双重推动。在农产品品牌化过程中，政府要为品牌的建立和推广创造良好的外部环境，制定相关鼓励支持品牌建设的法律法规，建立完善的农业信息服务体系，重视市场体系建设，制定严格的市场准入制度和公平交易制度，维护市场秩序。

第七章　安徽大别山区特色农产品品牌营销策略的制定

第一节　品牌营销的目标

农产品品牌营销即农业生产经营主体以优良的产品和良好的企业形象，整合各种资源，运用有效的经营方式，制定总体营销计划，开展整体营销等一系列经营活动的市场推广行为。为了进一步制定安徽大别山区特色农产品品牌营销策略，我们明确了安徽大别山区特色农产品品牌营销的整体目标，即：进一步提升安徽大别山区特色农产品品牌的形象，不断挖掘新的特色农产品品牌，扩大产品知名度，逐步树立规模、优质、专业的良好形象，在越来越激烈的市场竞争中，创新品牌发展模式，使之成为全国知名度高、美誉度好、顾客忠诚度强的品牌。

为了实现上述目标，通过对安徽大别山区特色农产品的深入调查和细密分析，分别从公司品牌识别、品牌定位、品牌形象的塑造、品牌推广以及品牌提升等方面拟定了解决方案。其整体策略如下：

第一，通过实施识别与定位策略，进一步将大别山区特色农产品品牌向绿色有机市场延伸。

第二，通过实施品牌形象塑造策略，进一步明晰其品牌的有机、绿色、无公害的内涵。

第三，通过实施品牌推广策略，改变其推广手段单一的现状，充分运用整合营销的力量，达到推广效果最大化。

第二节　品牌识别策略

品牌识别是所有品牌活动的核心和基础。要使安徽大别山区特色农产品品牌更为清晰、丰富，就必须制定明确的品牌识别策略。下面笔者从大别山区特色农产品品牌识别的层次出发，对其品牌进行分析并拟定策略。安徽大别山区特色农产品品牌识别策略具体包括核心识别、品牌精髓和品牌延伸识别三个方面。

1. 品牌的核心识别

品牌的核心识别代表着品牌永恒的精髓。核心识别的每个方面都要反映组织的战略思想和价值观念，其中至少要有一个方面能造成与其他品牌的差异，能与消费者发生共鸣。

安徽大别山区特色农产品的品牌识别可归结为天然、有机、绿色及原产地标志，依托区域优势资源，发展特色农业，注入地方特色文化，丰富品牌文化内涵。

2. 品牌的精髓

品牌的精髓是核心识别各要素之间协同工作的中轴。人们对于天然、有机、绿色的品牌的印象异常深刻，是因为特色农产品是现代人都乐于接受的消费品，要紧紧地抓住消费者心理特征来确定安徽大别山区特色农产品的品牌精髓：家庭餐桌的大众奢侈品。

3. 品牌的延伸识别

品牌的延伸识别包括品牌核心以外的所有品牌识别要素。主要包括以下几点：

品牌地位：开拓创新，使特色农产品品牌不断提升。

品牌个性：独特的天然有机产品。

与消费者的关系：给予消费者大众的家庭享受，是消费者亲密的朋友。

第三节　品牌定位策略

品牌定位旨在突出农产品品牌的核心价值，清晰的品牌定位是品牌核心价值稳定的前提条件。安徽大别山区特色农产品的品牌定位要从大别山区的实际出发，在区域文化底蕴的基础上确立品牌定位。安徽大别山区特色农产品品牌必须蕴含独特的地理特征、资源优势以及丰富的地域文化内涵，品牌定位如果脱离区域实际，品牌价值及市场认知度就会大打折扣，因此必须坚持独特性、资源禀赋差异性、创新性原则，着力挖掘安徽大别山区特色农产品的优势资源，挖掘资源所蕴藏的丰富文化内涵，兼顾消费者的不同需求特点，使品牌建设更具针对性。

天然、有机、绿色、健康是安徽大别山区特色农产品品牌定位的核心战略。随着生产环境和消费结构的变化，绿色消费已经成为一种稀缺但确是消费者所追逐的消费目标，且需要支付更高的消费价格。安徽大别山区应依托无污染的绿色资源，发展绿色产业，开展绿色营销，培育绿色品牌，大力发展特色经济。根据农产品不同的属性进行合理定位，对初级农产品而言，以产品优良的或独特的品质作为诉求内容，主要为“原字号”的农产品，如岳西翠兰、六安瓜片、金寨板栗、霍山石斛等。发挥绿色、无公害、有机产品的天然优势，倡导绿色生活，诉求内容为“绿色”，如金寨野生天麻、霍山野生石斛、岳西有机茶叶等。崇尚健康、注重养生已成为消费领域发展的一大趋势，因此应打“健康”牌，满足消费需求，如岳西茯苓和猕猴桃、霍山石斛、金寨天麻等。

第四节　品牌形象延伸策略

随着农产品品牌形象的建立，必须进行品牌形象的合理延伸，才能满足消费者日益变化的消费需求。因此，对于特色农产品而言，能否将其品牌形象延伸至更多潜在顾客是巩固品牌形象的关键。品牌的形象不是空洞的，它可以通过产品、服务或者商标、包装等视觉系统散发出来。它是一种气氛、一种精神、一种风格，需要企业去挖掘、去表现。安徽大别山区特色农产品可以从以下角度延伸品牌形象。

一、情感导入策略

一个成功的品牌应具有思想、个性和表现力，是沟通企业和消费者的桥梁。情感是人心目中最柔软的东西，以情动人，以情诱人是品牌经营者的法宝。安徽大别山区特色农产品品牌给予消费者的是大众的、奢侈的家庭享受，是消费者亲密的朋友。

二、文化导入策略

品牌形象所具有的感性色彩决定了文化是品牌构成中的一个重要因素。品牌本身就是一种文化，凝聚着深厚的文化积累，可以在品牌中注入文化因素，使品牌形象更为丰满，更有品位，更加独具特色。安徽大别山区特色农产品结合六安、安庆悠久深厚的文化底蕴能大大提高其品牌形象。

三、品牌形象代言人策略

一个品牌的形象代言人其实就是该品牌的一个标准用户。一个好的形象代言人能够拉近品牌与消费者之间的心理距离，有助于扩大品牌的知名度，建立起品牌的美誉度和忠诚度。因此安徽大别山区特色农产品应结合自身产品以及地域特点选择好合适的品牌代言人，以便进一步提升其良好的品牌形象。在选择品牌代言人时应注意选择的对象必须符合产品定位形象，如岳西翠兰可以邀请著名的黄梅戏演员韩再芬、马兰、吴琼等作为其形象代言人。

第五节　品牌推广及维护策略

品牌识别、品牌定位和品牌形象终究需要靠品牌推广去实现，因此如何做好企业的品牌推广显得尤为重要。

一、媒体广告策略

安徽大别山区特色农产品的媒体广告可以采用以下几种组合方式：

1. 视觉媒体与听觉媒体的组合

视觉媒体指借助于视觉要素表现的媒体，如报纸、杂志、户外广告等。听觉媒体主要指借助于听觉要素表现的媒体，如广播。电视则是视听完美结合的媒体。视觉媒体更直观，给人一种真实感；听觉媒体更抽象，可以给人以丰富的想象。

2. 瞬间媒体与长效媒体的组合

瞬间媒体指广告信息瞬时消失的媒体，如广播、电视等电波电子媒体，由于广告一闪而过，信息不易保留，因此要与能长期保留信息，可供反复查阅的长效媒体配合使用。长效媒体一般是指那些可以较长时间传播同一广告内容的印刷品、路牌、霓虹灯、汽车广告等。

3. 大众媒体与促销媒体的组合

大众媒体指报纸、电视、广播、杂志等传播面广、声势大的广告媒体，其传播优势在于“面”。但这些媒体与销售现场相脱离，只能起到间接促销作用。促销媒体主要指邮寄、张贴、展销等传播面小，传播范围固定，具有直接促销作用的广告，它的优势在于“点”。若在采用大众媒体的同时又配合使用促销媒体，做到点面结合，能起到更好的促销效果。

二、品牌命名策略

品牌命名的策略应以品牌定位的原则为出发点，在品牌定位的指导下设计理想的品牌名称，并能引导这一定位所确定的营销目标。在语音上，不选同音同调，要易读易记，发音干净而响亮，使品牌有别于其他品牌的视觉符号及声响符号。在语义上，要给人带来无限遐思和向往，能够给消费者带来某种共鸣。

三、体验营销推广活动策略

可以举办各种各样的体验活动，如开展茶园采摘活动、冠名赞助大型的娱乐节目、举办烹饪电视大赛等等。通过消费者的参与，使他们与品牌互动，一方面可以加深他们对品牌理念的认同，同时也可以收集到极有价值的客户反馈信息。这样，经过在不同场合下多次重复这些经历后，消费者对品牌就会产生极大的忠诚。

四、整合营销策略

安徽大别山区特色农产品品牌发展要以地域传统名优农产品为基础，注册证明商标，形成地区品牌，推动特色农产品产业化，综合利用各种资源，制定有效的市场营销组合策略，开展整合营销，保证品牌产品的推广成功。

第八章　安徽大别山区特色农产品品牌发展模式及提升路径

在中央提出以科学发展观指导中国经济发展和建设和谐社会的大背景下，协调发展地区经济，充分利用区域优势资源发展特色产业，用高新技术改造传统产业成为摆在我们面前迫切需要解决的问题。我国特色农产品资源丰富，市场分工细化，供应品种日趋丰富多样，竞争不断加剧，竞争无序现象比较普遍。因此，在统筹城乡发展和推进我国新农村建设的同时，鼓励充分利用优势资源，发展特色农业，促进农民增收是新时期农村工作的重点问题，解决好特色农产品的品牌发展问题也成为破解三农问题的关键之一。

安徽大别山区独特的气候条件有利于各种特色农作物的生长。安徽大别山区特色农产品如茶叶、板栗、高山蔬菜、天麻、石斛等品质优良，特色农产品生产规模逐渐扩大，蕴藏着巨大的市场发展空间。在各级政府的大力支持下，大别山区各县坚持农产品优势资源转换战略，大力发展特色农产品品牌。通过多年的发展，岳西翠兰、高山茭白、“大别山”牌高山蔬菜、六安瓜片、霍山石斛、金寨天麻已经成为比较著名的农业名牌。然而，在安徽大别山区特色农产品发展过程中，新问题也层出不穷，一些农户、合作组织、各市场主体品牌意识不强，品牌推广力度不大，产品销售渠道不通畅，产品深加工不足，产业链不完整，品牌发展受阻。为提高安徽大别山区特色农产品的品牌形象，提高特色农产品的市场影响力，促进特色农业发展，改进和提高其品牌发展模式势在必行。

第一节　安徽大别山区特色农产品品牌发展模式

一、现有品牌模式

1. 无品牌：农户家庭经营模式

农户家庭经营模式由最初的农户自主经营模式发展而来，指以农户家庭为主体，以社会化服务为条件，进行社会化生产的开放式经营。农户家庭经营是合作经济的一个经营层次，属于新型的家庭经济，而不是个体经济。安徽大别山区特色农产品在发展初期，基本上依托政府搭建的农贸市场、农产品交易市场、农产品批发市场进行交易，农户或批发商或分销商直接面向市场，既生产又销售，实现农产品价值，获得经济收益。随着消费需求多样化、个性化发展，农户自主经营的模式使得他们直接参与流通的交易成本越来越高。因此，农户加入社区经济组织，接受社区的统一规划指导和各种信息服务，农户家庭经营也逐步向农业专业化经营方向发展。农户家庭经营模式严格来说仍然不属于品牌经营模式，产业链较短，比较适合初始农产品的市场销售，是非常传统的一种模式。随着生产及市场需求的不断增加，应根据安徽大别山区实际，建立农产品交易市场，加快特色农产品流通速度，促进特色农产品销售及品牌构建。

2. 产地品牌：政府推导营销模式

农产品产地品牌指拥有独特的自然资源以及悠久的加工工艺历史的农产品，经过地方政府、行业组织或者龙头企业等主体运作，形成具有明显区域特征的农产品品牌。近年来，由安徽大别山区各级政府主导，经过多方努力，逐步形成了"产地＋产品品牌"的独特模式，已推出如"岳西翠兰""天柱悬月""'大别山'牌高山茭白""六安瓜片""霍山石斛""金寨天麻""金寨山核桃""金寨高山米""霍邱芡实"等一批带有显著地理标志的品牌。一直以来，安徽大别山区各级政府秉承"政府主导、市场运作、媒体引路、企业跟进"的思路，采取"大篷车式"组团推介的营销推广模式，广泛参加一线城市推介会、展览会，提供优惠政策，帮助企业或广大农户搭建农产品销售平台，实现农产品营销。2010 年 9 月，安徽岳西县人民政府积极配合外交部，精心准备翠兰茶叶赠送时任俄罗斯总统梅德韦杰夫及其他访华代表团成员，成为政府营销的经典案例，也使得岳西翠兰成为"国宾礼茶"而声播海外。2013 年，岳西县人民政府及其他相关部门认真谋划蔬菜产业发展，与合肥市合作共建高山伏缺蔬菜供肥基地，极大地促进了岳西高山蔬菜产业的发展。

3. 企业品牌：龙头企业带动模式

农产品企业品牌指一些龙头企业以农产品企业的名字注册商

标，作为农产品品牌来打造。龙头企业带动营销模式就是以农产品加工及经营企业为龙头，带动广大农户进行农产品生产、加工、运输、销售等一系列活动，促进农产品及其制成品进入市场。近年来，涌现出一大批龙头企业，这些企业在促进安徽大别山区特色农产品的销售、农民增收及特色农产品品牌塑造过程中发挥着重要的作用。安徽省金寨县大别山生态农产品开发有限公司拥有“大别山”牌及“金家寨”牌注册商标，生产的“大别山”牌天然野生葛粉及野生山核桃获国家绿色食品认证及QS质量安全认证，“大别山”牌葛粉被评定为安徽名牌农产品，公司于2006、2008年先后被评为“省级林业产业化龙头企业”及“省级农业产业化龙头企业”，成为六安市唯一一家规范规模系列生产经营近百种野生农特产品的“农”字号企业。安徽省金寨县安态特色农产品有限责任公司创建于2003年3月，是一家股份合作制民营企业，连续两届被评为“六安市农业产业化龙头企业”，公司以“安态”牌六安瓜片、金寨翠眉、金寨雨毫、皖西白茶等茶叶为主营产品，兼营食用菌、土特产品和保健中药材等4个系列50多个品种的产品。2015年8月，岳西天馨、天鹅、良奇、翠兰、华之慧等40家企业入围“安庆农业产业化龙头企业”。据统计，岳西县共有涉农企业660余家，其中农业产业化龙头企业77家，国家级1家，省级10家；农民专业合作社1496家，国家级1家，省级3家；家庭农场88家。这些新型的农业经营主体，通过“公司＋农户”“公司＋家庭农场”等不同的经营模式，建基地、树品牌、拓市场，已成为该县带动农户增收，推进农市对接、农超对接，促进农业产业化发展的重要力量。

4. 品种品牌：合作经济组织模式

农产品品种品牌指一个大类的农产品里的有特色的品种，既可以成为一个品牌，也可以注册商标，品种品牌一般模式是“品种的特色＋品类名字”。如岳西红心猕猴桃、霍邱香米、金寨野生天麻等。早在2000年，为提高高山蔬菜的知名度，增加其附加值，岳西县科委就为高山蔬菜向国家工商行政管理局申请“大别山”牌注册商标，并向省绿色食品办公室申请“大别山”牌高山系列蔬菜甘蓝、萝卜、番茄、四季豆、佛手瓜、地藕等6种为绿色食品。合作经济组织是协调市场与农户之间的矛盾以及农产品生产者之间的内部矛盾，以盈利为目标，为了降低农户生产风险，促使本地产业整体健康发展而建立的中介组织，包括行业协会、合作社、基地等组织。岳西成立了茶叶协会、高山蔬菜协会、猕猴桃协会、大别山翡冷翠茶叶产业化联合体、红心猕猴桃产业化联合体、生态稻米产业化联合体以及近1500家专业合作社，这些合作经济组织根据市场需求变化，利用自身资源优势，收集产供销信息，实现特色农产品的快速销售。

二、安徽大别山区特色农产品现有品牌发展模式的不足

综上分析，安徽大别山区特色农产品品牌近年来获得了长足的发展，资源总量不断增大，产业基地合理布局并初具规模，政府、行业组织、龙头企业在品牌发展过程中发挥着重要作用，行业内已逐步形成了较有影响的品牌发展模式。但是，这些模式很多是在农产品营销推广中自发形成，受传统思维影响，模式创新不足，营销能力不强，制约着安徽大别山区农产品品牌的发展提升。

1. 注重既得利益，缺乏长远品牌意识

农户家庭经营模式在安徽大别山区农产品品牌模式中占有相当比例，受传统生产经营观念的影响，很多农户缺乏长远的发展目光，只注重眼前的既得利益，忽视或者没有意识到品牌对于提升市场价值的巨大作用，缺乏长远的农产品品牌意识，创建品牌的主动性、积极性不高。一些特色农产品，如金寨天麻、霍山石斛等，经营规模较小且分散，缺乏形成品牌的基础，农户自产自销，销售渠道窄，农户自觉关注眼前经济效益，缺乏品牌观念，无法适应市场的要求，难以形成产业规模，带动农业产业的发展。

2. 品牌营销模式创新不足，营销能力较弱

安徽大别山区农产品市场营销活动的主体主要是各级农产品交易批发市场、农产品渠道商，由于这些活动主体组织化程度较低，各种协会及合作经济组织的经纪人不很成熟，很难及时获取准确有效的农产品市场信息，加之协会与合作经济组织等管理不规范、服务功能缺失、信息加工处理能力不足，导致特色农产品营销范围十分有限，相当数量的营销主体之间仅仅是买卖关系，未形成长期的合作伙伴，必然导致其共同促进农产品销售的意愿不强。营销模式仍然是以多层的分销商以及农户家庭经营为主，网络电商资源利用较少，模式创新不足。过多的渠道层级影响到农产品的交易成本，一些具有特色的生鲜类农产品在配送过程中由于变质而损耗。

3. 仓储、冷链物流发展滞后，品牌发展受限

安徽大别山区特色农产品季节性较强，在上市季节大批量投入市场。受供求关系影响，集中上市必然导致价格下降，许多农产品

一日一价甚至一日几价，农产品跑量但很难卖价，品牌效益大受影响。解决这些问题，必须提高农产品仓储、冷链物流设施水平。目前农产品仓储、冷链物流主要依靠生产者或者大型零售商完成，很难做到专业有效的配送，农产品变质较快，农产品产地的冷藏保鲜、冷链物流运输水平都有待加强。安徽大别山区现有的农产品物流运输很少涉及冷链物流。仓储、冷链物流发展滞后严重制约安徽大别山区特色农产品品牌发展。

4. 农产品精深加工能力不足，品牌附加值较低

目前，安徽大别山区农产品销售大多处在售卖初级产品阶段，没有经过筛选、加工、精细包装等环节，农产品深加工不足，缺乏二次增值和深加工产品，科技含量比较低，过于大众化，产品特色不明显。一些加工企业加工能力不强，规模较小，产业链尚未形成，品牌附加值较低，这些因素都严重制约了品牌建设。如岳西“大别山”牌优质高山蔬菜在合肥、武汉等城市都有很高的知名度，但由于蔬菜都是以初级产品直供一级批发市场，缺少深加工，所以很多市民不知道自己买的是不是岳西菜，也不知道如何买到岳西菜，致使品质优良的岳西高山茭白等特色农产品沦为毫无特色的大路货。

第二节　安徽大别山区特色农产品品牌提升路径

鉴于安徽大别山区特色农产品品牌发展现有模式的不足，笔者认为，要根据安徽大别山区特色农产品发展现状，创新品牌发

展模式，因地制宜，制定符合安徽大别山区特色农产品品牌发展的策略，提升安徽大别山区特色农产品品牌价值。

一、培育龙头企业，加大品牌宣传力度，强化品牌长远意识

品牌是一个地区综合经济实力的表现，是区域核心竞争力提升的重要手段。安徽大别山区多为山区县，农业是其支柱产业，特色农产品品牌发展程度对于安徽大别山县域经济的发展至关重要。要打造特色农产品品牌，必须强化企业、政府和社会的品牌意识，立足于长期持续的品牌建设。切实转变传统的生产经营观念，树立起品牌是一种生产要素，是企业无形资产的理念，推动形成致力于农产品品牌建设、塑造区域著名农产品品牌的良好氛围。除了强化品牌意识以外，要进一步发挥政府的推动作用，加大品牌宣传力度，注重引导，提高企业的品牌商标意识，最终落脚点仍然在企业。鼓励支持龙头企业增强商标意识，抢先注册农产品商标，运用品牌商标来提高产品的市场价值和竞争力，保护生产经营主体的合法权益，充分发挥品牌的巨大作用。因此，要重点培育龙头企业，使其迅速做大、做强、做优。发挥龙头企业引领作用对促进区域农产品品牌建设意义极大。

二、发展仓储、冷链物流，重视农产品精深加工，提高品牌附加值

如前文所述，仓储、冷链物流发展的滞后严重制约着安徽大别山区特色农产品品牌发展。农产品在运输中损耗很大，农产

品销售半径小，很难进行长距离运输，仓储、冷链体系缺乏，限制了安徽大别山区特色农产品进入一些城市市场，亟须建立高起点、标准化的冷链物流服务系统。另外，安徽大别山区特色农产品在发展过程中缺乏精深加工，农商群体小、农产品附加值低、品牌化程度弱，缺乏现代流通体系和规模化的现代化农产品商贸物流中心。因此，根据安徽大别山区农产品种植地域广、分布散、品种多、数量较少、加工水平低等特点，需要在集散地及时仓储和进行农产品精深加工，构建符合安徽大别山区实际的冷链运输服务网络，建立立足安徽、面向华东、辐射全国的农产品商贸物流体系。

三、规范品牌管理，依托科技创新，实施标准化经营，塑造品牌形象

安徽大别山区特色农产品大都使用公共品牌，对于树立统一品牌形象极为有利。然而，由于众多使用同一品牌的企业实力参差不齐，质量差别较大，一些未经授权许可的企业和商贩纷纷使用同一商标，更有一些商贩滥制、滥印包装，真假混杂，鱼目混珠，假冒伪劣现象猖獗，品牌管理混乱的现象尤其严重，极大地影响了安徽大别山区农产品的品牌形象。因此，必须规范品牌管理，塑造良好的品牌形象。同时，要推进农业科技创新，加大科技投入力度，切实提高农产品的加工程度，延伸特色农产品精深加工产业链，增加农产品附加值，增强市场竞争力。在注重品牌形象塑造的同时，也必须坚持农业标准化生产，加强农产品质量标准体系建设，在种植、加工、营销各环节都要做到标准化，加大农产品质量对品牌塑造的支撑力度。

四、创新品牌营销模式，开设连锁超市，搭建“互联网＋”营销平台

调查中发现，安徽大别山区特色农产品品牌营销中，农户家庭经营模式、政府推导营销模式、龙头企业带动模式以及合作经济组织模式是目前主要的营销模式。这些模式在安徽大别山区特色农产品品牌推广过程中发挥着重要作用。然而，在市场经济不断发展的新形势下，市场环境更加复杂，市场竞争日益加剧，传统的营销模式显然很难适应品牌发展的要求。因此，创新品牌营销模式是安徽大别山区特色农产品品牌发展的必然选择。在互联网普及的今天，发展“互联网＋”农业，线上线下结合，开设连锁超市，搭建“互联网＋”营销平台，是新形势下的必然选择。在安庆、六安、合肥等省内城市有选择地开设安徽大别山区农产品连锁超市，或直接进驻旗舰店，在全程产业链上进行标准化运作，统一采购、统一包装、统一运营、统一配送、统一售后服务等，塑造特有的农产品品牌形象。建立安徽大别山区农产品特色馆，作为一个独特的分销平台，借助政府的支持以及“互联网＋”的契机，集合松散且不标准、不专业的卖家共谋发展，广泛开展微营销，通过微博、微信、QQ及SNS等免费的社会化媒体推销农产品，统一整合上游货源，拟定采购标准，组建专业团队进行统一运营管理。

五、整合区域资源，打造区域公共品牌，培育企业个别品牌

品牌是农产品的潜在资产，不仅有利于营销环节的推广，

提高在同质产品中的区分度，也有利于提高农产品在消费者心中的认知程度、美誉度，提高品牌影响力。安徽大别山区特色农产品目前拥有“岳西翠兰”茶叶、“大别山”牌高山蔬菜、六安瓜片、霍山石斛、金寨天麻等区域公共品牌。其中，岳西翠兰、六安瓜片茶叶是百个中国著名农产品区域公用品牌之一，岳西翠兰是“2011 年度消费者最喜爱的中国农产品区域公用品牌”。“大别山”牌高山蔬菜注册较早，但由于目前高山蔬菜销售模式仍主要是在批发市场销售初级产品，品牌影响力较弱。因此，整合区域资源，打造区域公共品牌，培育企业个别品牌，刻不容缓。要创建大品牌，就得让种植户、小型企业、合作社等共同打造一个地域性品牌，让安徽大别山区农产品走向全国。为了促进安徽大别山区“互联网＋”营销平台建设，便于统一宣传和推广，促进特色农产品网络销售，可以设计网络公共品牌 LOGO，因地制宜，因势利导，设计和培育具有地域性特色的农产品公共品牌。同时，利用区域公共品牌，鼓励龙头企业整合区域资源优势，塑造具有个性和特色的农产品企业品牌、产品品牌。

第九章　安徽大别山区特色农产品品牌发展的实践分析

第一节　岳西县高山蔬菜品牌发展现状及对策

一、岳西高山蔬菜品牌建设历程

岳西县作为安徽省唯一一个集革命老区、贫困地区、纯山区、生态示范区、生态功能区“五区”于一体的县份，发展适应性特色农业有着得天独厚的优势。

从地理位置来看，它位于大别山腹地、皖西南边陲，横跨长江、淮河两大流域，远离大中城市，无污染，是国家级生态保护示范县；从气候条件来看，它属于北亚热带湿润性季风气候区，气候温凉，光照充足，雨热同期，四季分明，雨量充沛，物种丰富，被很多专家誉为生态保存发育完好的天然大公园；从地形条件来看，它地形复杂，小区域气候差异大，全县平均海拔600米以上，海拔高度在600米～1200米的耕地面积达60%以上。

自1992年以来，岳西县就充分发挥高寒山区独特的气候资源优势，积极引导农民调整产业结构，发展高山蔬菜产业，当年就发展到37.2亩。2000年，全县有23个乡镇86个行政村15600多名农户，种菜40100亩，主要有番茄、辣椒、甘蓝、萝卜、四季豆、佛手瓜、地藕、黄瓜等十多个品种。经过近20年的发展，高山蔬菜产业实现了从无到有、从小到大、从弱到强的跨越式发展。2010年，全县高山蔬菜种植规模达12万亩，产业覆盖17个乡镇，88个行政村。2001年，岳西高山蔬菜在国家工商总局注册了“大别山”牌商标，其中高山茭白、四季豆、甘蓝、萝卜、佛手瓜、番茄、地藕7个蔬菜品种为国家绿色食品发展中心认证的绿色食品。高山茭白、四季豆为主导品种，高山茭白种植面积达4.3万亩，四季豆种植面积达1万多亩，高山茭白和四季豆占整个高山蔬菜种植面积的一半以上。高山蔬菜因具有无污染、品质优、口感好等诸多优点，远销海内外。以茭白为主的高山蔬菜产业已成为岳西县农村经济发展的特色主导产业之一，规模化、专业化、产销一体化的支柱产业特色正在形成；一批蔬菜专业乡、专业村应运而生。岳西县先后荣获“全国蔬菜产业重点县”“中国绿色果菜之乡”“全国最大的高山无公害茭白基地县”“安徽省首批无公害蔬菜示范基地县”“安徽省蔬菜产业十大特色基地县”等称号。岳西茭白被评为国家地理标志保护产品，“大别山”牌商标被评为安庆市著名商标。岳西县有专业从事蔬菜生产和加工的龙头企业5家，农村经济合作组织65个，形成了较健全的组织管理、技术服务、质量控制、市场流通的服务体系。2012年，高山蔬菜种植面积达12.9万亩，新增农业合作社有505家。现代农业示范区建设也初见成效，温泉现代农业综合开发示范区启动建设。农产品加工企业达600家，年加工产值达50亿元。

主簿镇是岳西县高山蔬菜重点生产乡镇之一，地处岳西县北部边陲，属高寒山区，冷浸田多，种植水稻常遭青封灾害。近几年来，该镇积极引导农民树立农业错位发展的意识，学会变劣势为优势，变对抗性农业为适应性农业，大力发展高山反季节茭白种植业，全镇茭白种植面积达7800亩，占水田总面积98%，实现了以茭白为主导产业的一村一品建设。全镇茭白年产值达3520万元，人均茭白纯收入超过3000元，占农民人均纯收入的70%，真正实现了茭白产业的专业化、规模化、标准化发展。全镇先后成立茭白协会和专业合作社17个，成员达1680人，协会和合作社成员经营茭白面积达6200亩，并先后建成800吨的茭白冷藏保鲜库和精菜加工厂各一座，有效缓解了市场的销售压力，实现单纯以鲜菜为主转向鲜菜和干菜相结合的发展模式。“大别山”牌无公害茭白已畅销江苏、浙江、江西、湖北、安徽等省市，非常受消费者欢迎。

“大别山”牌高山蔬菜系列还实行统一品牌、统一包装，从整体上提升品牌形象，提高了品牌的知名度，市场竞争力也大大提高，得到了广大消费者的一致认可。高山蔬菜鲜菜集中在7月～9月份上市，有效地填补了全国诸多城市市场的“伏缺”和“秋淡”，产品畅销安庆、合肥、武汉、南京、上海、杭州等长三角地区的大中城市市场。

二、岳西高山蔬菜品牌建设成效和特色

1. 岳西高山蔬菜品牌建设成效

近年来，岳西“大别山”牌高山蔬菜引起了全国各主流媒体的广泛关注。中央电视台、新华社、新华网、《农民日报》等国家级媒体及众多省市媒体纷纷聚焦岳西，实地采访报道“大别山”牌高山蔬菜产业发展状况。2007 年 9 月中央电视台《焦点访谈》《新闻联播》也分别专题报道了岳西县通过发展高山蔬菜，实现农民致富的典型事例。其发展成效主要体现在：

首先，特色产业领域不断拓宽，基地规模持续扩张。随着对扶贫开发的不断探索和对自身优势的不断发掘，高山蔬菜的基地规模不断增大。2014 年，高山蔬菜全年种植面积 13.5 万亩（含复种指数），产量 13.8 万吨，产值 4.5 亿，其中茭白面积 5.5 万亩，产量 6.2 万吨，产值 2.2 亿元。2015 年，全年种植面积 13.8 万亩（含复种指数），预计产量 14.6 万吨，产值 5.2 亿元。在 5.5 万亩高山茭白基地中，有 4 万亩通过无公害认证，102 亩通过有机认证。蔬菜产业涉及 17 个乡镇，88 个行政村，32180 户。

其次，龙头企业逐步壮大，产业链条不断延伸。全县龙头企业由 20 世纪末的几家发展到现在的 60 多家，其中国家级 1 家、省级 2 家、市级 17 家。龙头企业的营销收入由当初的几千万元，增加到现在的 7 亿元，增长近 10 倍。特色产业的发展也催生了农产品加工机械制造、农产品包装、交通运输和餐饮等相关产业的发展，使产业链条不断延伸，有力地推动了农业与工业和服务业的融合发展和农业结构的优化升级。岳西县蔬菜产业各类合作

经济组织已发展到 65 个，其中县高山茭白协会和主簿兴农有机农业协会成为省蔬菜行业协会首批会员，岳西县原生态果菜专业合作社于 2014 年获“国家农民专业合作社示范社”称号。这些合作经济组织在发展基地、指导生产、拓展市场、组织销售等方面发挥了重要作用。

再次，品牌影响力有所增强，产品“走出去”步伐加快。通过不断的内外兼修，“大别山”牌高山蔬菜享誉省内外，市场份额不断攀升，产品也远销上海、武汉、南京、合肥、南昌、九江、芜湖、安庆等省内外大中城市，部分农产品已进入家乐福、易初莲花等大型超市，超市销售额达 2 亿元。岳西高山蔬菜真正实现了由资源优势向产品优势、经济优势的转化。岳西县高山蔬菜生长在生态完好、无污染的高海拔山区，加之生产上采取的还是传统种植模式，所生产的产品具有安全、质优、口味纯正、错峰销售的特点，深受市场与消费者的欢迎。

最后，产业经营方式发生转变，产业素质和效益不断提升。突出表现在：第一，农民的组织化程度不断提高，带动能力逐步增强。2009 年，农村合作经济组织已经发展到 318 个，其中农民专业合作社 131 个，会员 3.1 万人，带动农户 5 万多户，占全县总农户的一半以上，常年从事农产品销售的农村经纪人队伍也发展到 6000 人之多，共帮助农户销售农产品 13 万吨。第二，特色产业正逐步向规模化生产迈进。为适应高质量、高效益的产业发展要求，特色产业基地正逐步向农民合作组织集中，为推行产业的标准化生产创造了条件。岳西涓水高山蔬菜专业合作社目前已拥有生产基地 6350 亩；主簿镇 7800 亩茭白，90%以上由专业大户种植，大户种植面积最多的超过500亩。第三，特色产业的科技含量不断提高，农业科技对产业发展的贡献率已超过50%。岳西高山蔬菜产业正积极创新发展模式，助推产业又好又快地发展，已逐步成为山区农民脱贫致富的朝阳产业。据测算，种菜效益是种粮的3～5倍，好的甚至能达到10倍。蔬菜产业的发展，同时也带动了饮食服务、交通运输、养殖、通讯等行业的快速发展，并培育了一大批懂生产的能人、善经营的经济人，提高了农民应用科技发展生产的自觉性，增强了农民通过调整农业结构来致富的信心，一定程度上改变了过去赋闲在家的中老年人和妇女的生活方式以及精神状态，社会效益明显。

通过对岳西县毛尖山乡板舍村时令蔬菜种植基地的调研和分析，我们发现该基地通过实现三个“创新”，大幅提升了农民收入。

第一，创新销售模式，提高了经济效益。基地有1100亩四季豆、瓠瓜、茄子、辣椒等高山蔬菜，菜农们每天能采摘蔬菜1万至1.5万斤，每年采摘期有4个月左右，效益好的时候一天能进账近6万元。每天下午基地管理人员负责采摘、包装，晚上7点至8点装车发货，一般在第二天早上五六点到达杭州蔬菜配送中心，再直接配送到工矿企业、学校、餐馆。蔬菜基地通过在大中城市建立配送中心，抓牢集团消费不放手，既避免了蔬菜因存放时间过长导致质量下降或变质，又能够减少中间环节，提高产品销售价格。在传统的销售模式中，要经过层层经销商的层层转售，大量侵占了种植户的收益。因此要想进一步提高种植户的收益，就必须要探索新型的销售方法。基地下一步打算在周边大中城市建立专业的配送中心，并探索通过电子商务销售的方法，进一步实现与市场无缝对接，让农业增效、增收。

第二，创新管理制度，实现多方共赢。外地客商通过与板舍村村“两委”直接对接商定，由客商带来资金、技术和市场，这就有效地解决了蔬菜基地建设资金不足、技术不熟、市场有限的问题。同时，村委会还采取返租倒包的形式，通过土地流转组织农民进行蔬菜规模化生产，很好地解决了客商投资水土不服的问题。农民不离开家乡，在自己家里打工，每月收入还不低于3000元。在基地里，实行组长包片负责制，组长属于中级管理人员，在老百姓眼中好像公务员上班一样，8小时工作制，到点准时下班，基地按月足额支付薪酬。2013年4、5、6三个月共支付了人员工资、运输费、种苗费、管理费及基础设施建设费用等共计50余万元。

第三，打造区域特色品牌，推动产业转型升级。岳西县领导多次率队与安徽农业大学和省农科院开展技术对接与产学研合作。安农大在岳西建立了两个产学研基地，省农科院也在岳西建立了科技服务“双百行动基地”。依靠科技的力量与创新，仅2013年，全县种植高山蔬菜达13.1万亩，其中高山茭白面积5.5万亩，四季豆面积2.7万亩，蔬菜种植品种达20多个。蔬菜产业涉及17个乡镇，88个行政村，32180户。《安徽新闻联播》在《转型发展中的安徽》报道中指出，2013年，岳西县菜农人均种菜收入达4000余元。

实践证明，板舍村这一模式实现了农民、客商、村委会的三方共赢，更重要的是由于生产管理水平的提高，不仅改变了以前旱地蔬菜低水平、低效益的局面，还为岳西县其他地区旱地蔬菜的发展起到了很好的示范作用。

2. 岳西高山蔬菜品牌建设特色

岳西高山蔬菜产业按照“发展规模、调整结构、打造品牌、发展加工、提高效益、保护生态”的发展思路，经历了二十多年的艰苦努力，实现了从无到有、从小到大、从弱到强的历史性跨越发展，高山蔬菜产业也已经成为岳西县农民增收致富的有效途径之一，并逐步形成了自己的特色。

第一，种植规模稳步扩大。这几年随着市场经济的发展，岳西县高山蔬菜发展的步伐明显加快。年产鲜菜约 16 万吨，高山蔬菜产值 5 亿余元。石关乡高山蔬菜产值突破亿元大关，全乡年收入 5 万元以上的种菜户达到 180 多户。

第二，形成了集大众菜和精细菜于一体的 20 多个品种的多元化结构。有茭白、豇豆、四季豆、辣椒、番茄、毛豆等多个品种，产品产销对路，效益全面提升，畅销上海等十几个大中城市。依据就近原则，将岳西西南片乡镇如古坊、河图等打造为武汉市市外高山蔬菜直供基地。岳西县与合肥市也已签约合作共建高山伏缺蔬菜供肥基地。根据协议，双方在石关、姚河、主簿、头陀、黄尾、巍岭六乡镇合作共建优质高效高山蔬菜基地 5000 亩，在姚河乡马石村、沈桥村建立高山茭白提纯复壮和种苗繁育基地 500 亩。合肥市在红府、合家福等超市和部分社区也建立了 15 个高山蔬菜专卖点。

第三，产品优质独具风味。岳西高山地区特有的气候条件和昼夜温差大的优势，使蔬菜的叶菜具有嫩、脆、甜的独特风味，加上产区农民组建了有机蔬菜协会，减少了农药和化肥用量，使用生物农药和生物有机肥料，禁用高残留农药，使蔬菜生产全天然无污染，为此，县有关部门还专门组织菜农进行培训，要求他们严格按照技术规程进行生产，尤其是加强农药等投入品的监管，建立质量安全追溯制度。相关部门在全县范围内推行有奖举报制度，并向社会公布举报电话。在蔬菜上市季节，建立了定期和不定期的蔬菜产品农残抽检制度。有关部门在加强监管的基础上，还免费向蔬菜合作社和蔬菜公司发放杀虫灯 120 盏，全县蔬菜基地上杀虫灯达到 150 盏，有效使用面积将近 5 万亩。以上措施有效地保证了高山蔬菜的优质化。岳西县已有 7 个蔬菜产品通过了绿色食品认证。

第四，精品名牌独具特色。对精品蔬菜实行定地点、定面积、定产量、定上市时间、定保护价收购。此举措不仅能在一定程度上满足部分群体的特殊要求，也能更高效地提高农民收入。

第五，产业化水平不断提升。随着农民经纪人的崛起，高山蔬菜销售一改过去由政府包揽的方式，形成了以协会和农民经纪人唱主角的经营模式。岳西县蔬菜产品已进入全国 40 余个大小蔬菜市场，产品远销合肥、南京、武汉、南昌、上海等大中城市。县域内涌现出了如朝晖高山蔬菜专业合作社、板舍高山蔬菜基地、石关乡马畈高山茭白基地以及被誉为“天堂湖畔的特色农庄”的毛尖山蔬菜基地等一批优秀合作社和基地，也有以豪迈生态农业公司为代表的一批龙头企业。

三、岳西高山蔬菜品牌建设中存在的主要问题

为了更直接地了解岳西高山蔬菜品牌建设状况，更真实地把握“大别山”牌高山蔬菜在消费者心目中的形象和广大消费者

对它的了解程度以及对它今后的发展提出合理化建议，作者专门进行了一次以岳西、安庆为中心，辐射南京、武汉、九江及上海等市县，针对各阶层人群的问卷调查，调查周期为一个星期。调查问卷一共发放了400份，共收回365份有效答卷。

我们分为三个小组分赴岳西、安庆、合肥、武汉、上海、南京等多个市县，分别在早上6：00至7：00和下午的5：30至6：30在以上市县的农贸市场和大型超市针对不同人群进行了为期一周的问卷调查。对这些地区消费者的调查基本能代表岳西高山蔬菜在消费者心中的认知度，被调查者的问卷回答也可为岳西高山蔬菜品牌今后的发展提供建设性的意见。在随机分发的问卷中，问卷分发对象大部分是25岁以上人员，有公务员、企事业单位员工和公司职员等，其中退休人员和家庭主妇居多，被调查者的年龄结构如图9－1所示。

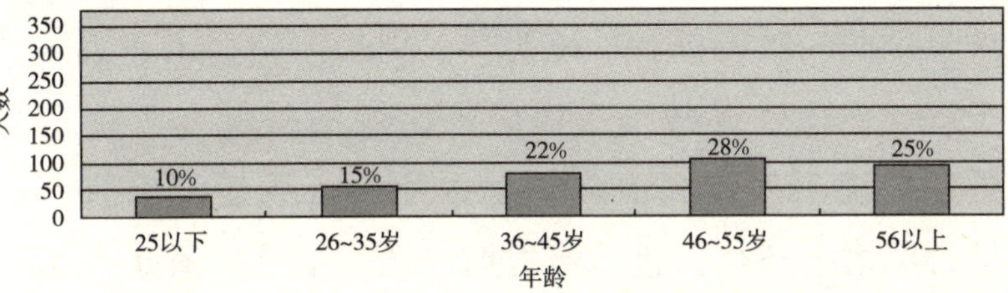

图9－1　被调查者年龄分布图

当调查在日常生活中，岳西高山蔬菜的选用率时，有73%的被调查者回答：很少用；13%的被调查者回答：经常用；5%的被调查者回答：全部用，且他们基本上都是岳西当地的消费者；还有9%的被调查者，他们基本上在距离岳西、安庆较远的地区，如上海、杭州等地，回答说从来不用。从来不用的被调查者还表示并不知晓此品牌，说明“大别山”牌高山蔬菜的宣传还很缺乏。事实上，很多消费者甚至包括安庆的本地消费者都不了解或不知道此品牌。调查结果如图 9－2 所示。

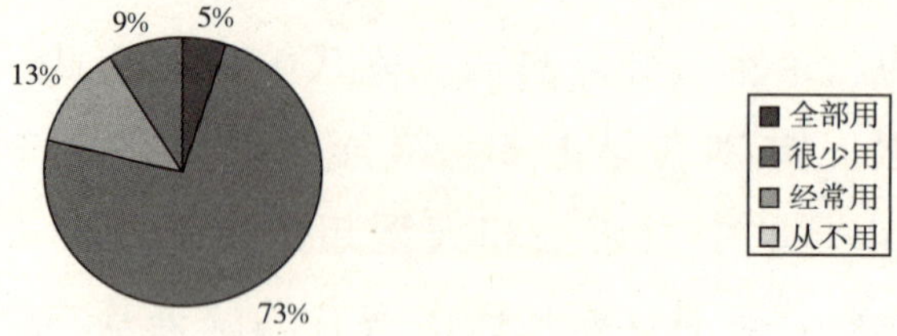

图 9－2　品牌选用率

在要求写出几种“大别山”牌高山蔬菜的品种和画出其商标图形，并谈谈对该商标的感觉时，只有岳西当地的和安庆其他地区的少量被调查者能写出 5 种以上的菜品，其余被调查者只能写出 1 至 2 种来，能画出商标图形的只有岳西本地的少部分在行政事业单位供职的被调查者。说明“大别山”牌高山蔬菜还并未被人们了解、熟悉，尤其是岳西以外区域的被调查者更是知之较少，进一步说明岳西高山蔬菜在省外的市场还没有打开，其宣传、销售的潜力还可作进一步挖掘。调查结果如图 9－3 所示。

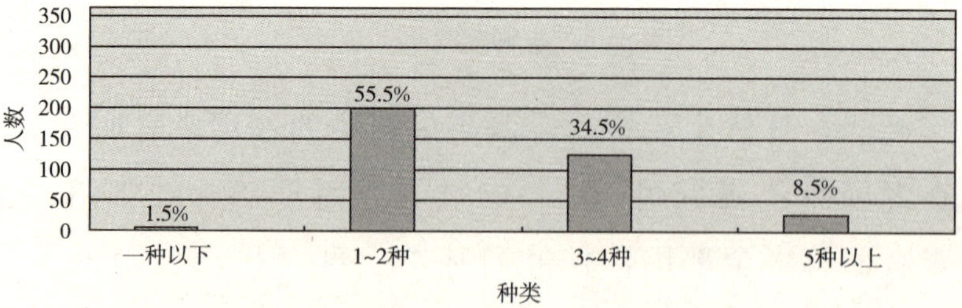

图 9－3　蔬菜品种图

在调查对岳西高山蔬菜及其品牌的整体印象时，有 26%的被调查者回答没有印象或印象不深刻，他们基本来自于安徽省外；有高达 85%的被调查者认为品牌的宣传力度不够；有 78%的被调查者认为产品的创新能力低。同时大家也认为近几年当地政府做了一些工作，做了宣传。但这些工作和宣传大多仅限于政府部门和政府部门之间，专业人士和相关的从业人员之间，真正面对广大消费者和普通老百姓，尤其是面对每天最关注自家菜篮子的家庭主妇所进行的宣传还很不够。调查结果如图 9－4 所示。

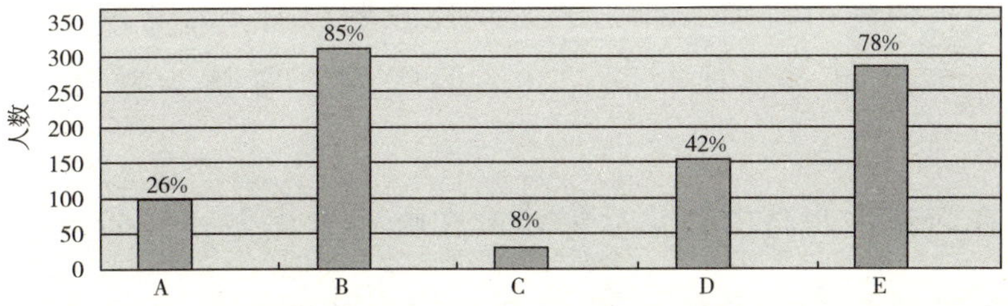

图 9－4　品牌印象图

说明：A. 没有印象或印象不深刻；B. 品牌宣传力度不够；C. 产品质量不能保证；D. 服务不到位；E. 产品创新能力较低

调查结果显示："大别山"牌高山蔬菜还没有深入人心，品牌形象较为模糊，品牌宣传力度还很薄弱，尤其是外地的消费者对它还了解不够。调查说明岳西高山蔬菜的生产经营者注重生产经营的多，注重品牌运作的少，普遍缺乏品牌运营观念。他们更多注重眼前利益，缺乏市场分析和预测，未能建立稳定的市场营销渠道，难以形成稳定的市场占有率。当消费者有消费需求时，往往选择的是高山蔬菜这一类菜品，而不是有针对性地选择"大别山"这个品牌，更不是将其当成是不可替代的选择，非它不可。“大别山”牌自2001年注册至今已有10多年的历史，即便是安庆本地的消费者也未必知道这个品牌，但岳西高山蔬菜却有不少人知道。这显现出品牌推广的缺失。创立一个好品牌的初期离不开大量资金、时间、精力的付出，但也并非一劳永逸。很多企业在品牌创建后，后续宣传推介跟进不多，形成虎头蛇尾的局面。

我们也针对消费者对岳西高山蔬菜品牌建设的深层次问题进行了调查。在调查岳西高山蔬菜品牌竞争力时，有65%的被调查者认为岳西高山蔬菜品牌竞争力整体较弱；有5%的被调查者认为其品牌竞争力整体较强；30%的被调查者认为整体竞争力一般。

在问到岳西高山蔬菜品牌建设在哪些方面做得比较好，哪些方面还有待提升时，多数被调查者认为在品牌口号与理念的提炼、品牌与文化的宣导和培训、品牌战略规划和策略制定以及品牌推广和公关等诸多方面均有待提升。调查结果如图9-5所示。

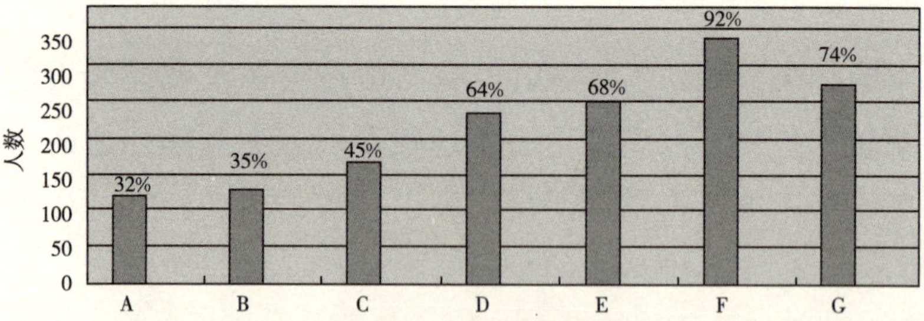

图9-5　品牌竞争力

说明：A. 品牌口号与理念的提炼；B. 品牌与文化的宣导和培训；C. 品牌形象设计；D. 品牌管理和商标保护；E. 品牌战略规划和策略制定；F. 产品创新；G. 品牌推广和公关

我们的问卷也调查了制约岳西高山蔬菜品牌建设的深层原因，多数被调查者认为是因为在发展战略与观念上对品牌作用认识不够，思想保守，缺乏长期品牌经营战略以及在文化与传统上存在意识局限，品牌经营消极，容易安于现状，在技术与创新上，缺乏核心技术，缺乏创新能力；较多被调查者认为是企业规模小，体制不健全，架构不合理，经营模式落后，缺乏行业优势，缺乏政府相应政策的引导和支持等因素造成的。调查结果如图 9－6 所示。

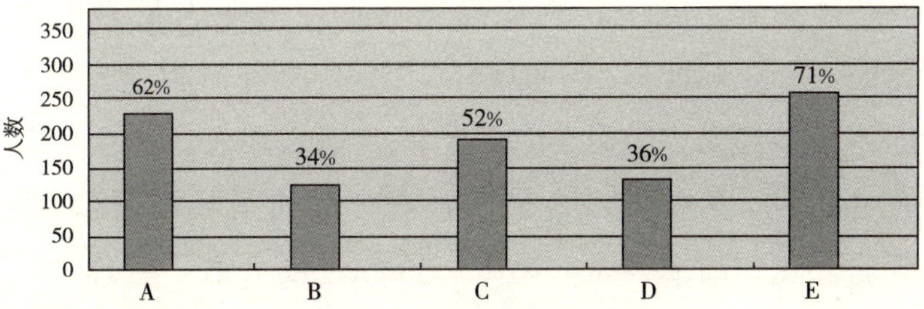

图 9－6　制约发展的原因

说明：A. 发展战略与观念：对品牌作用认识不够，思想保守，缺乏长期品牌经营战略；B. 文化与传统：意识局限，品牌经营消极，容易安于现状；C. 经营与规模：企业规模小，体制不健全，架构不合理，经营模式落后；D. 行业与政策：缺乏行业优势，缺乏政府相应政策的引导和支持；E. 技术与创新：缺乏核心技术，缺乏创新能力

调查说明高山蔬菜的生产经营者缺乏对品牌的日常经营和管理，缺乏整体长远规划，品牌形象缺乏文化支撑，缺乏鲜明个性。企业对品牌的推广宣传也不够重视，未能积极主动利用媒体广告、公关宣传等手段来全方位打造产品品牌形象。

从以上分析可见岳西高山蔬菜的品牌建设存在诸多问题：第

一，岳西高山蔬菜的生产经营者的品牌观念不强。缺乏品牌意识，小农经济思维为主，满足于现状的现象比较普遍。第二，岳西高山蔬菜品牌的研发投入力度不够，精深加工能力不足。岳西高山蔬菜的产、销未能形成集团化的优势，由于研发投入资金有限等多种原因，使得高山蔬菜品牌的研发投入力度不够，精深加工能力不足，严重影响其品牌建设及品牌影响力。第三，物流体系不完善。岳西的特色农产品十分丰富，产量也逐年增加，但是物流发展较为缓慢，在加工、保鲜、冷藏、配送等方面均存在问题。农产品物流企业少，物流设施落后，从业人员素质亟待提高。第四，农业标准体系不健全，农产品质量不能令人满意。农业标准体系不健全，阻碍了农产品的流通。在农产品生产经营的关键技术环节，科技投入含量低，农产品质量检测手段很落后，缺乏专业人才和高端设备。第五，资源过度分散，管理松散。资源过度分散就容易造成生产、管理成本的浪费。一家一户小规模的生产加工使得生产出来的蔬菜质量参差不齐，产量也不能得到保证，难以形成规模效应。虽然岳西现在也有一些蔬菜生产基地、合作社和龙头企业，但规模都不是很大，引领、带动作用并没有很好地发挥出来。而且，目前岳西的大部分蔬菜生产基地、合作社和几个较大企业大多缺乏科学有效的管理，没有形成有效的管理体系和制度。大部分企业按照传统方式进行经营管理，各部门分工不明，职责不清，老板通常要做到面面俱到，既抓生产又抓管理又抓营销，还要兼顾各种关系的协调，工作效率低下。第六，蔬菜产业链尚未形成。精菜、净菜，小包装加工尚处于初探阶段，一些蔬菜加工企业尚未形成加工能力，龙头企业的牵动作用较弱。

四、岳西高山蔬菜品牌建设存在问题的原因分析

1. 农产品质量安全体系不健全

品牌本该是企业给予消费者的产品品质的承诺，然而目前农产品质量标准不统一、品牌农产品质量参差不齐，质量不达标现象时有发生，品牌很难作为唯一标准来判别农产品质量。就深层次来说，质量安全问题根本原因在于农产品生产经营者及政府质量监管缺位。政府缺乏对农产品建立统一、完善的质量标准体系，有的甚至出现矛盾的质量标准。农产品生产经营企业自身对产品质量也重视不够，把关不严。质量管理相关部门缺乏对企业经营者的有效监管，农产品质量的隐蔽性使得市场存在信息不对称等现象，这就需要有公共权力的政府部门制定制度和标准，使质量特征外显化，让大家有章可循。

2. 农产品生产规模小，经营方式单一

在政府和市场以及其他相关因素的综合作用下，高山蔬菜的生产者虽然对品牌已经有了一定的认识和了解，但就品牌建设而言，农户们的认识仍然不够深入。品牌的建立需要一定的生产经营规模，产品要占有一定的市场份额，才能扩大品牌对市场的影响力。目前岳西县高山蔬菜的生产规模小，商品率低，风险大，较难形成规模效益。同时，研发资金少、积累慢，很难进行技术研发和品种开发，也缺乏对品牌的战略规划，品牌经营管理能力不足，缺乏专门的品牌营销和管理团队。另外，生产规模小就难

以建立有效的市场营销渠道，难以形成稳定的市场占有率。

3. 农业科技水平低，技术创新能力不足

产品质量的提升、品种的改善离不开科技的支撑。目前岳西高山蔬菜深加工能力仍显落后，品牌附加值低，难以形成品牌价值。高山茭白品种退化严重，表现为雄茭灰茭增多，产量下降，品质下降；四季豆等旱地菜品种较为单一，全部从外地调种，风险较大。岳西是纯山区县，小气候复杂，水灾、旱灾、冻害等自然灾害频发。岳西高山蔬菜基地又集中分布在海拔较高的山区乡镇，且全为露地栽培，基地设施薄弱，抗灾害能力差。

4. 政府主体支持不够，管理作用发挥不足

政府作为公共服务的主体，在地区经济发展过程中发挥着不可替代的作用。要想做好特色农产品品牌建设，就必须在政府的推动下，挖掘有潜力的农产品，统筹发展，扩大特色农产品知名度，引导特色农产品的区域分布，引导农产品企业扩大规模，做大做强，形成带动效应。虽然岳西当地政府、安庆市政府乃至安徽省政府一直以来也比较重视特色农产品品牌的发展，但力度仍然不够。

5. 农业服务体系不完善

据媒体报道，全国每年仅运输途中腐烂变质的水果、蔬菜等食品价值约为700亿元，造成了巨大的经济浪费。这一损失正是由于采用不恰当的运输方式所造成。蔬菜规模化种植和年年连作，造成了病虫害逐年加重，同时市场对蔬菜产品安全提出了更高要求，既要有效防治病虫害又要保证产品质量安全，矛盾突出，任务艰巨。目前岳西县乃至安徽省冷链物流都正处于发展阶

段，适时发展第三方冷链物流及其他物流形式，必将极大地为特色农产品品牌建设提供品质保障。同时，大多数农产品行业协会自身机制不健全，没有统一的规章制度，经营模式单一，难以在品牌建设中真正发挥作用。

五、岳西高山蔬菜品牌建设的 SWOT 分析

1. 岳西高山蔬菜品牌建设的优势

（1）自然环境和资源优势独特

岳西位于大别山腹地、皖西南边陲，地跨长江、淮河两大流域，与湖北省接壤，远离大中城市，无工业污染，是国家级生态保护示范县，也是安徽省唯一一个集革命老区、贫困地区、纯山区、生态示范区、生态功能区“五区”于一体的县份。岳西属北亚热带湿润性季风气候区，气候温凉，光照充足，雨热同期，四季分明。县域内雨量充沛，物种丰富，被诸多专家赞誉为是生态保存发育完好的天然大公园，发展适应性特色农业有着得天独厚的条件。

（2）产品品质与特色明显

岳西天蓝、地净、水清、气爽的生态环境，以优质、高效、安全特色为目标，以适应性种植为前提，以满足省内外大中城市市场需求为导向，不断开展高山蔬菜新品种的引进、示范和推广，不断优化蔬菜品种结构和蔬菜生产的区域布局。在推进产业发展进程中，加强了对生态环境的管理检测，杜绝一切污染物进入蔬菜生产基地，严格限制化肥、农药的使用，禁止使用化学催长剂，大力推广使用农家肥，并首创和实施了《高山茭白生产技

术规程》省级地方标准，确保生产出为消费者健康着想的放心菜、特色菜。岳西高山蔬菜具有反季节的人无我有优势，产品在7～9月集中上市，适应国内外蔬菜市场伏缺和秋淡的需求，深受菜商和广大消费者的青睐。

(3) 品牌优势与市场潜力巨大

为充分发挥品牌效应，岳西县牢固树立“以质量争取信誉，靠品牌占领市场”的营销理念，集中精力开展了“创品牌、树形象”活动。在萝卜、番茄、甘蓝、四季豆、大白菜、宝塔菜通过国家绿色食品认证以后，又积极推进数万亩茭白产品（产地）无公害认证，四达公司有机茭白产品认证以及云峰公司的四季豆、萝卜等品种的有机认证，并对全县高山蔬菜品种推行了统一品牌、统一包装，从整体上提升了“大别山”牌高山蔬菜的品牌形象，提高了岳西高山蔬菜的知名度，市场竞争力也大大提高。岳西县专门在黄尾镇平等村设立了高山蔬菜标准园，面积1150亩，种植产品有四季豆、茄子、辣椒、瓠瓜等。标准园建设严格按照《全国蔬菜标准园创建工作方案》组织实施，实行统一品种、统一购药、统一标准、统一检测、统一标识、统一销售的“六统一”，达到了规模化种植、标准化生产、商品化处理、品牌化销售、产业化经营的要求。标准园预计年产鲜菜2800吨，产值1150万元，亩均产量2.6吨，产值1.05万元，使450户农民户均增收1.4万元。

(4) 销售支持与价格优惠

为了做大做强高山蔬菜产业，岳西县突破“就蔬菜抓蔬菜”的传统管理模式，围绕高山蔬菜的发展，形成了统一指挥、周密组织、纵横衔接、配套联动的工作体系。岳西县科技局不仅是发展高山蔬菜的科技支持部门，还是高山蔬菜产业化的实施牵头单位，在产、加、销中提供全程服务。设在县科技局的高山蔬菜生产办公室，是连接生产基地与大市场的桥梁，一方面要及时向生产者和外地菜商发布产品上市时期及价格信息，同时对菜商提供组织货源、联系车辆、安排食宿等系列服务。全县各地均成立有高山蔬菜协会、专业合作社等合作经济组织，构建了全方位、多层次的销售支持网络。岳西县高山蔬菜的生产已经形成规模化、规范化、市场化的经营格局，加之山区劳动力价格相对于外地菜农要低，因而产品生产成本和销售价格表现在市场上均有明显的竞争力。

（5）多项重大战略聚集，政策优势明显

中央已明确提出促进中部地区崛起战略，国务院也批复了《皖江城市带承接产业转移示范区规划》，安徽省委、省政府颁发了《关于进一步促进岳西革命老区又好又快发展的若干意见》，安徽省教育厅下发“高校深化拓展大别山道路暨服务老区加快发展”的文件，党中央、国务院重视“三农”问题以及党的十八大提出加速城镇化建设等，这些政策都为安徽安庆、六安等大别山地区发展成为战略核心区域带来重大机会。岳西一定要抓住这个千载难逢的机遇，将“大别山”牌高山蔬菜做大做强。

2. 岳西高山蔬菜品牌建设的劣势

岳西高山蔬菜品牌建设的劣势正如前文所分析，主要表现为：农产品质量安全体系不健全；农产品生产规模较小，经营方式单一；农业科技水平低，技术创新能力不足；政府主体支持不够，管理作用发挥不足；农业服务体系不完善等。

3. 岳西高山蔬菜品牌建设的机遇

（1）消费者对绿色、健康、环保的品牌农产品需求增长

随着人们生活水平的提高，人们越来越关注自己的身心健康，对绿色、健康、环保的农产品的需求量越来越大，尤其对高附加值的新型的品牌农产品的需求增长强劲。

（2）国家和地区支持品牌农业发展

连续多年的一号文件指出，加大农产品品牌注册和地理标志保护力度，通过发展绿色食品和有机食品培育知名特色农产品品牌。安徽也实施了品牌农业战略，重点实施《优势农产品区域发展规划》《安徽省优势农产品区域规划（2008—2015年）》《农业标准化示范区管理办法》《无公害农产品名录》《安徽省农业产业化“671”转型倍增计划实施方案》等重大工程和项目。

近年来出现的一系列农产品质量安全问题，如三聚氰胺奶粉、苏丹红鸡蛋等，让消费者对食品安全产生了信任危机，同时也影响了农业行业的整体形象。为此，国家相关部门要求农业生产经营者重视品牌建设，强化产品质量。这也为农业企业特色农产品品牌的建设和发展提供了机遇。

4. 岳西高山蔬菜品牌建设的挑战

我们的问卷也专门对此问题做了调查，当问到岳西高山蔬菜品牌要成长为具有竞争力的品牌，主要面临哪些挑战时，较多消费者认为是企业的品牌营销方法相对落后、人力资源缺乏、企业产销能力和研发能力较低等方面；多数消费者认为是不熟悉全国市场、缺乏操作经验、品牌影响力有限等方面。调查结果

如图 9－7 所示。

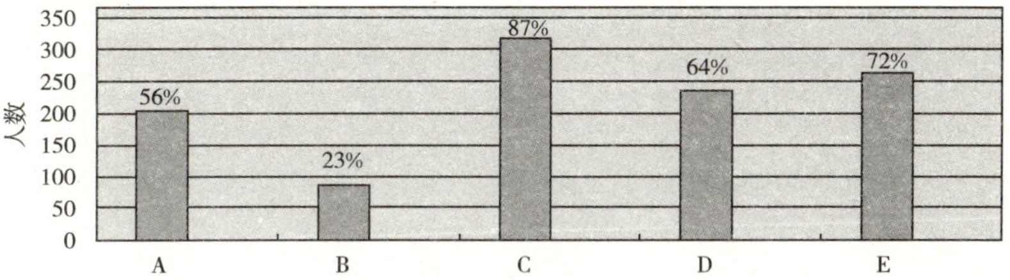

图 9－7　面临挑战

说明：A. 没有渠道和客户优势；B. 不熟悉全国市场，缺乏操作经验；C. 品牌影响力有限；D. 企业的品牌营销方法相对落后，人力资源缺乏；E. 企业产销能力和研发能力较低

同时，激烈的市场竞争是更大的挑战。虽然安徽是农业大省，但从与周边省份的比较来看，有农产品品牌建设遥遥领先的山东、江苏、浙江，中部省份中也有奋力争先的湖南、湖北，进一步加剧了市场竞争。

六、加强岳西高山蔬菜品牌建设的对策建议

我们的问卷也进行了此项调查，当问到在面对挑战时，岳西高山蔬菜品牌最关键是要做好哪些方面的工作时，大家给出了很多好的建议，主要集中在提高产品与服务质量，提升技术创新能力；突破区域限制，制定全国性品牌战略；提高员工品牌意识，提高品牌的知名度等方面。调查结果如图 9－8 所示。

通过调查分析，我们基本能了解“大别山”牌高山蔬菜目前在市场上的状况以及普通消费者对它的认识和了解程度。虽然“大别山”牌高山蔬菜取得了一些可喜的成绩，但要想成为著名品牌，成为老百姓餐桌上的不二选择，还是任重而道远。中国作

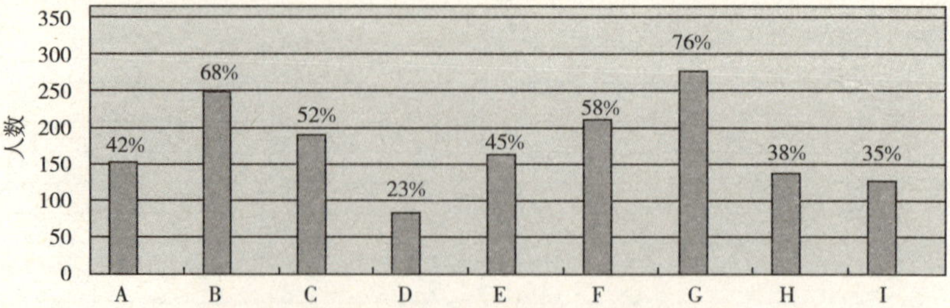

图 9－8　加强岳西高山蔬菜品牌建设的对策建议

说明：A. 加强市场调研，明确市场需求；B. 突破区域限制，制定全国性品牌战略；C. 加强视觉设计，优化企业或产品的品牌形象；D. 制定系统的全国性品牌传播策略；E. 整合企业文化，提升品牌内涵；F. 加强培训，树立员工品牌意识；G. 提高产品与服务质量，提升技术创新能力；H. 政府应该在政策和法律方面有所扶持；I. 广告、公关等相关营销手段的多样化

为一个传统的农业大国，有着丰富的传统农业生产经验，但在如何提高科技含量、健全农业标准体系等诸多方面，同国外发达国家相比还有非常大的差距。岳西大别山区固然有着得天独厚的天然资源，但后天的因素同样重要。笔者认为“大别山”牌高山蔬菜品牌的建设和发展应从以下几方面予以加强：

1. 加大政府扶持力度

政府应根据当地的农业资源状况，有计划地进行农产品布局，避免生产的无序性和盲目性，真正做到特色农产品有特色。政府要继续加大对蔬菜基地建设的投入，制定扶持政策，促使特色农产品产业化经营。在龙头企业发展上，给予更多的支持，充分发挥规划、管理、服务和监督职能，出台激励政策，与行业协会和龙头企业一起推动特色农产品生产的规模化、标准化发展。根据本地实际加大招商引资力度，做好服务工作，吸引发达地区客商来岳西兴办蔬菜生产、流通、加工企业，加速蔬菜产业的发展壮大。在经营形式上，采取订单生产、合作经营、土地入股等多种形式，农户与龙头企业结成风险共担、利益共享的经济利益共同体。实施可持续发展战略，因地制宜、多形式建设特色农产品生产基地。鼓励龙头企业以订单、合同等形式兴办基地，走“小规模、大群体”的路子，加速蔬菜产业的发展壮大，扩大“大别山”牌高山蔬菜的知名度。

2. 增强相关从业人员的品牌意识，加强品牌的经营管理

树立品牌意识，应将品牌看作是影响自身长期竞争力的无形资产，不能只注重眼前利益。现代经济属于“注意力经济”，品牌不仅可以提高消费者对产品的认知程度及忠诚度，还能提高企业的知名度和经营效益。

创立一个好品牌固然离不开前期大量资金、时间、精力的付出，但并非一劳永逸，品牌在创建后，后续的经营管理还要及时跟上。针对品牌所处的不同阶段，要有侧重点和长久战略，在日常经营中重视品牌的推广宣传，有意识地利用媒体广告、公关宣传等手段来全方位塑造品牌形象，强化品牌形象在人们头脑中的印象。如可在超市的售货区设立产品简介，包括公司信息、产地地理特色、文化气候、民俗以及产品种植特点等，外附产地照片更能突出产品的自然、绿色和安全；结合品牌标示，统一售货区颜色、样式；统一产品销售人员的着装，对人员的工作行为进行标准化培训；在一些大中城市实行挂牌定点销售，在一些大型超市开设岳西绿色食品专柜，积极拓展市场，加深消费者对农产品的品牌印象。同时，可借鉴“舍得”酒业，学会打“文化牌”。

舍得酒业聘请国内顶级的国学大师担任舍得国学教授，免费为复旦大学、上海交通大学的总裁班授课，讲解传统国学思想，将其核心价值“舍得大智慧”的理念采取深度沟通的方式进行小众传播。通过国学教授的讲解，让目标受众学习到不一样的管理和生活哲学。舍得酒在一系列讲座中完成了其“舍得大智慧”的核心理念对人们心智的占领，得到了消费者的深刻认同。岳西是历史悠久的红色老区，在战争年代为中国革命做出了巨大贡献。岳西山里人的勤劳、朴实、善良、诚信的优良品质在当今商品经济的社会中尤其难能可贵。由他们生产出来的高山蔬菜更是质量信得过的产品。

3. 健全农业标准体系

建立健全行业技术标准体系，组织菜农全面推行高山蔬菜绿色标准化生产，成立高山蔬菜质量检验检测中心，建立企业自检与监督抽检相结合的检测体系。建立健全特色农产品质量安全可追溯体系。加强产地环境保护和农业执法力度，加大科技投入，在生产环节、收购环节、销售环节等各个环节中真正落实标准，将质量安全落到实处。

4. 保证特色农产品质量安全

质量是农产品品牌的生命，只有质量有保证，品牌才能经久不衰。加强农业科技和生产服务，统一供种、统一生产资料服务、统一植保、统一测土配方施肥，引导农民按标准从事农产品生产。加强安全监管，提高质量安全水平，推行农户质量联保制度、质量安全追溯制度，组织龙头企业、专业合作社开展高山蔬菜绿色产品认证，以质量赢取市场，赢得效益。

5. 健全产业化服务体系

以科技为支撑，培育高山蔬菜新品种，探索生态型高效栽培新模式，每年要从菜篮子工程建设专项资金切出一块或从市级财政资金中单列专项资金，用于从业人员业务知识培训、外出参观考察学习，用于聘用村级农民技术员的工资补贴，用于对菜农的技术培训和现场指导。实施“科技进村入户工程”，积极进行新品种、新技术、新材料、新农机引进、试验和示范。同时及时反馈市场需求信息，加强市场研究，开发出消费者欢迎、市场适销的精细特色产品，提升产业化服务水平。培育一批拥有一定资产规模和服务规范的蔬菜专业合作社，完善合作组织与农户利益联结机制，培养一批技术能手和专业种植大户，提升产业整体素质。

要提高高山蔬菜科技含量，除了引进优良品种之外，还应包括提高蔬菜生产和经营过程中的生产技术、加工技术、包装技术和储存运输技术。由于高山蔬菜对运输条件要求较高，应使用科学的包装手段，提高保鲜程度。要加大科技投入，提高自主创新能力，给农民带来更多的利润空间。对精深加工企业要安排专项扶持资金，对开发的新产品，给予一定的奖励。根据产业链延伸的需要，引进农产品精深加工的企业和技术。实施产业化经营，走产品深度开发之路，开展高山蔬菜采后商品化处理和清洁化加工，改变统货、散货、大路货的传统包装模式，注重产品的包装方式，提高产品形象。

6. 发展规模化生产，提高产业化生产水平

一个品牌要有一定的影响，它必须能在市场上占有一定的份

额，要有一定的量。要提高量，靠散、小的农户是不能达到要求的，只有依靠各种农产品协会，采取龙头企业加农户等产业化生产经营方式，进行有组织的规模生产，才能扩大产量。由协会或龙头企业组织农民生产，有利于形成统一的质量标准，促进各种资源和信息的有效利用。产业化经营有利于产品进入市场，解决小生产与大市场的矛盾，有利于扩大农产品的销售半径，扩大品牌的影响度。可采取“市场流量管制”的方法维持市场供需平衡。在产出旺季，生产经营者要做好农产品的储藏保鲜，避免市场供应过多而导致产品竞争力下降，而在产出淡季，又要有一定的产出量保证消费者的需求。

坚持扶优扶强的原则。培育壮大龙头企业、推进产业集群加快发展。围绕特色板块，培育壮大一批起点高、规模大、带动力强的龙头企业。对现有中小企业整合资源，组建企业集团，建立现代企业制度，加大企业技术开发和技术创新力度，增强企业核心竞争力。同时加大招商引资力度，引进一批龙头企业。依托皖江城市带承接产业转移示范区政策优势，有针对性地引进一批精深加工企业，促进特色板块的规模迅速壮大。推进产业集聚，加快产业集群发展，为发展农业特色板块经济打下基础。适度规模发展、提升产业综合生产能力，充分利用大别山区区位优势和劳动力优势，因地制宜，科学规划，满足市场多样化的要求，建设一批规模化生产基地和标准化示范园区。

7. 构建市场营销网络，加强产销信息流通工作

要注重开拓传统市场，建设一支强有力的销售队伍，认真选择合作伙伴，建立稳定的销售渠道，组建营销性公司，组建蔬菜

配送公司，直接到蔬菜生产基地，与农户签订订单，农户按照合同种植，形成“公司＋基地＋农户”的蔬菜产业模式，实现一家一户的小生产和大市场的产销对接。还要充分利用各种媒体加大宣传，以现代市场营销观念和方法、手段整合农业产、加、销各个环节，通过整体营销培育名牌，建立开放的营销环境。积极凭借自身的优势，依据各级政府部门的大力支持，综合开展组合营销，充分利用电子商务技术，通过网上交易，搭建岳西高山蔬菜的交易平台，形成多方位、立体的营销网络。

8. 推广农业保险，建立风险基金

提高保险意识，开展农业保险业务，建立风险基金，降低因自然灾害和价格大幅下跌造成的损失。

第二节　金寨县野生石斛品牌发展现状及对策

安徽省金寨县被誉为“红军摇篮、将军故乡”，地处大别山腹地，鄂豫皖三省结合部，总面积 3814 平方公里，总人口 68 万，是安徽省面积最大、山库区人口最多、首批国家级重点贫困县。为帮助老区人民早日脱贫致富，党和国家领导人多次关怀、关注。2016 年 4 月，习近平总书记亲临金寨指导扶贫工作，给老区带来最好的发展契机。安徽省省委为金寨县量身定制“5＋1”扶贫项目，合武高速、沪汉蓉快铁等多条交通枢纽贯穿全境，脱贫路上效果显著，但由于受到大别山环境限制，到 2016 年底，全县贫困人口仍有 6.6 万，贫困发生率 11.2％，仍然是全国、全省脱贫攻坚的主战场。

金寨县拥有林业用地面积441万亩，森林覆盖率达75%，作为全国生态示范区，县域内生态环境优越，交通便捷，最适合种植野生石斛。石斛是一种名贵中药材，药用历史悠久，发展前景广阔，可是现在国内许多地区基本上还没有石斛的消费，主要有三个原因：一是不知道有这种好药材；二是不知到哪里去买；三是不知如何识别真正的石斛，导致市场上石斛鱼龙混杂，质量良莠不齐，出现滞销和贬值的销售窘境。如何帮助金寨人民脱贫致富，将山区的劣势转为优势，打造自己的强势产品品牌，项目组多次深入金寨调研，提出一些建议。

一、金寨县野生石斛品牌发展的现状

金寨县是中药材天然产地，是六个茯苓基地县之一、安徽天麻生产第一县、华东地区连片种植西洋参规模最大基地县，境内的沙河乡被誉为“中国灵芝第一乡”，近年来石斛种植也颇具规模。

霍山石斛是大别山特有的珍稀资源和濒危物种，是我国传统的名贵中药材，在我国近80种石斛中品质最佳，其保健、药用价值极高，国内外市场潜力巨大。霍山石斛对生长环境要求十分苛刻，野生品种很难寻觅，人工栽培十分困难。近年来，安徽圣农生物科技股份有限公司联合有关高校，开发了霍山石斛外植体增殖技术，缩短了从种胚到成苗的时间，提高了大田栽培技术水平，使霍山石斛移栽苗越冬后成活率达95%以上，取得了霍山石斛大规模工厂化生产技术突破。安徽圣农生物科技股份有限公司、金寨县大别山林艺植物科技开发有限公司大力发展霍山石斛大规模工厂化生产，已形成亿元规模的产值。

安徽圣农生物科技股份有限公司坐落于大别山革命红色土地——六安市，公司于2010年1月7日注册，注册资金5000万元，总投资5亿元。公司主要实施安徽省“861”重点项目“霍山石斛产业园”建设任务。本项目在开发区规划用地1000亩，在山区租用栽培基地5000亩。项目分两批投入，一期建设用地500亩。2011年10月完成一期建设任务。目前公司石斛产业园项目已完成可行性研究报告，其相关技术成果已通过省级鉴定，并研发试产了霍山石斛枫斗、浸膏和颗粒等深加工产品。公司通过临时租赁生产厂房已成功组培霍山石斛种苗3000万株，现已成为安徽省最大的石斛种苗组培基地、全国最大的霍山石斛栽培基地。金寨县大别山林艺植物科技开发有限公司位于安徽省西部大别山北麓，具有安徽“西山药库”之称的金寨县，是全国人大帮扶金寨县实施“5＋1”项目中四大特色农业产业重点项目承担单位。公司成立于2002年，注册资金2300万元，总资产1.5亿元。公司下设有安徽林兰药业有限公司、金寨林兰霍斗霍山石斛专业合作社、金寨蓝莓专业种植合作社，开发以霍山石斛、蓝莓、天麻、灵芝、茯苓为主的大别山道地中药材育苗，是特色农产品种植及加工的产业化龙头企业，现有霍山石斛母本20亩，1000平方米植物育苗组培中心。

品牌发展，简言之包括“做、喊、管、升”四个字，指的是品牌的创建、宣传、维护和提升，需要具备多个条件才能成功，比如市场调查、政策扶持、资金投入、品质保证、企业培育、媒体宣传、法规监管等缺一不可，据此，金寨县的野生石斛在品牌化实施过程中占有一定优势，但也存在一些问题，主要表现在以下几点：

1. 金寨县野生石斛品牌发展优势明显

（1）享受政策扶持，招商引资增多

石斛种植项目是金寨县重点扶持的八大农业产业之一，各级政府在政策上都给予了很多的优惠和扶持，每年中央财政支持1000万元，加上地方配套的专项扶持资金，共计2000多万元，农民种植石斛有补贴，采取以奖代补形式，种多少补多少，且对新栽培基地给予奖励。政府在《2012—2020金寨县特色农业产业建设与发展规划》中，拟在金寨、霍山建立石斛种苗组培基地和深加工基地，建设20万平方米组培中心、炼苗中心，5000亩石斛原产地栽培基地和种源基地，实现年培育石斛苗3亿株，栽培种苗2亿株，建成1000吨石斛生产基地，形成年产石斛保健品浸膏2000公斤、4000万袋颗粒、年产1亿瓶口服液、饮料5000吨的生产规模，投入3亿元，实现销售收入10亿元。同时，在石斛企业的土地转让和收入的税收优惠方面，营造了良好的发展空间。有了项目的重点扶持、各级领导的高度重视，再加上优越便利的地理环境，金寨县吸引来的招商引资洽谈项目不断增多，产业规模不断扩大。目前在石斛的种植和加工方面涌现出一批具有代表性的企业，如产业化种植方面有金山寨食（药）用菌专业合作社、利民中药材专业合作社等；加工方面有立方制药有限公司、德源堂生物科技有限公司、乔康药业有限公司、康美来大别山生物科技有限公司等。全县中药材种植、加工整个产业链年总产值超过4亿元。

（2）生态环境优越，具有品质保证

金寨县为全国生态示范区，四分之三的面积被森林覆盖，空气新鲜，气候优良，东边又毗邻“中国石斛之乡”的安徽省霍山县，给种植石斛提供了天然丰富的资源条件和技术条件。霍山石斛又称米斛，是兰科石斛属，为多年生草本植物，主要分布于我国大别山霍山及临近地区。已有现代药理研究证明，霍山石斛在降血糖、保护酒精性肝损伤、抗白内障的功效方面，优于其他石斛。石斛能大幅度提高人体内SOD水平，延缓衰老，预防和治疗白内障，降血糖、保护酒精性肝损伤，非常适宜用脑用眼过度、烟酒过度、经常熬夜、体虚乏力的人群，具有养阴生津、健脾和胃、清音明目、养颜驻容等保健益寿的功效。

（3）产品供不应求，市场前景广阔

石斛为“中华九大仙草”之首，药用历史悠久，随着人们保健、养生理念的逐步增强，保健食品需求量不断扩大，以石斛为主要原料的纯天然、无污染的食品、药品、保健品将作为高档消费生态产品，主导趋势明显。野生石斛品质最佳，但只生长于悬崖峭壁间和高大树木上，条件恶劣，生长缓慢，再加上以前人们受利益驱使掠夺性采挖，致使野生石斛接近枯竭，目前占主导地位的还是靠人工种植。我国的石斛主产区为浙江、广东、云南，主要种植品种为铁皮石斛，霍山米斛种植面积几乎为零。六安地区自2008年以来，人工种植石斛面积逐渐增多，霍山实际种植面积已经超过5000亩，金寨大约200亩，其他地方不足100亩，主要种植区是霍山，主要种植品种也是铁皮石斛，金寨县因地制宜，选择种植品种为霍山米斛。米斛枫斗市场需求达上万公斤，现在市场供应的真品不足 100 公斤，所以市场供不应求。目前石斛的消费市场主要在我国的北京、上海、港澳地区以及国外的东南亚地区，还有一部分销往西方发达国家。近些年来，随着中医药文化的传播，石斛的消费量也在日益扩大，市场前景良好。

2. 金寨县野生石斛品牌发展存在的问题

（1）科技转化与创新能力不足，缺乏中药材精深加工产品

多年来，金寨县石斛的栽培一直处在封闭式发展阶段，一些企业或种植户技术保守，小农意识强，在新产品开发、新技术引进及推广方面缺少人力和财力的投入，应用传统方法出现了不少问题，例如培育中普遍采用化学农药和化肥导致试管苗污染严重；生产中面对小苗过早封顶和开花束手无策、高成本带来高价格等，石斛产量低，经济效益差。这些都急需加大科技投入，提高科技转化与创新能力，推行规范化种植和有机栽培，减少生产损失，进一步研发精深加工产品，打造龙头产品和产生品牌效应。经过调研，目前市场上以石斛为主要原料的产品可分为三类：一是鲜品（鲜条）直接销售；二是将石斛茎制成干品，即枫斗；三是精深加工产品。据统计，目前金寨县石斛产业每年近万吨的中药材资源 90%以上只能以原材料形式直接卖向市场，产品形式基本停留在鲜条、枫斗层面上，深加工产品不多，且产品缺少明确的功能定位、人群定位，对石斛花、叶、根无综合利用，产品的附加值没有被发掘，其深加工升值的空间很大。

（2）产业链不规范，产业标准不健全

完整的石斛产业链应该包括良种选育、种苗繁育、田间栽培、采收与加工、销售和储运、营销与品牌打造等环节。目前，金寨石斛产业链短且不规范，具体面临以下问题：

种源不够纯正：目前虽然有多家石斛种植基地分别对霍山石斛、铁皮石斛等石斛品种进行育种栽培，但由于受到大别山地区环境限制，又缺乏相关部门统一监管，无法确保栽培中有无杂交变异，种源是否纯正。

繁育缺乏检测：目前种苗主要通过以下途径获得：种子→原球茎→试管苗；实生苗→试管苗；类原球茎→试管苗，没有种苗的质量标准进行跟踪检验，获得的试管苗有无退化和变异不得而知。

组培缺乏标准：组培中的环境变化、技术水平、管理程度、采收标准、质量监测、农残和重金属的检验对石斛的产品质量都有影响，但是目前这些操作全凭农户经验判断，缺乏统一规范的产品标准。

深加工能力受阻：市场上石斛的产品类型单一，除枫斗、胶囊外再无其他深加工产品出现，花、叶、根没有得到充分利用，产品定位模糊，龙头产品空缺，缺乏核心竞争力。

伪品销售：石斛产品市场虽然发展前景良好，但由于石斛产量低、生长周期长、价格昂贵，部分企业唯利是图，以平头兰、小石斛等做出来的伪品冒充霍山石斛，普通消费者真假难辨，严重损害了消费者利益和企业的品牌形象。

研发方面：由于缺少资金投入，研发人才和设备匮乏，功效研究只停留在功效检测方面，产品开发仅处于初加工低水平阶段，对于石斛的主要成分和功能活性研究还不够深入。

品牌文化：产品销售中没有融入对金寨本地的区域优势和历史民情的文化宣传，对石斛独有的药用价值和保健养生文化宣传力度也不够，宣传途径比较单一。

3. 缺乏龙头企业支持，经济效益低

金寨处于贫穷山区，石斛产业以中小型企业为主，产业规模小，研发水平低，种植多以农户小作坊形式进行，经营方式单一，思想观念保守，资源过度分散，管理经验缺乏，加上资金投入有限和营销意识淡薄，一直没有产、加、销一体化的龙头企业来进行统筹安排、产业化经营，缺乏深加工产品和龙头产品，市场占有率低，经营利润不高，严重制约了石斛产业链的形成，这也是产业链短和不规范的原因之一。由于产业链短，加工业在承接上游产业和带动下游产业方面，没有发挥自身作用。本地企业虽然看到了延长产业链的巨大利润，但由于自身经济实力不足以及同行企业之间的恶性竞争，只能止步于石斛的生产和初级加工，产业链上的深加工、包装、物流、销售等环节的利润被中间商层层瓜分，拱手让人。

二、金寨县野生石斛品牌发展的对策

1. 加大科技投入，提高精深产品加工能力

科学技术是第一生产力，农产品的竞争本质上属于科技的竞争，为了创建和维护金寨石斛的品牌效应，必须及时推进技术培训和技术创新的进度。

推行科技入户，强化斛农和合作社培训。重点培训品种培育、施肥技术、病虫害防治、产品采集和贮存、产品包装等方面的知识，做到产前有培训，产中有指导，产后有检测。产前，采用新技术、新方法培育出产量高、质量稳定、适应性强的优良品种，建立标准化品种评价体系，实行规模化生产；产中，采用有机栽培技术，在栽培中不使用化学合成的农药、化肥、植物生长调节剂等，保证“安全、有效、稳定、可控”；产后，提升产品质量和设计包装。

加大科技投入力度，培养高素质研发和管理人才。按照GAP标准改建和扩建石斛种植基地，做到石斛生产的生态化、标准化、规范化和无害化。重视人才培养，对内，培养一批有文化、懂技术、善经营、会管理的高素质新型农民，及时解决生产和加工中的技术难题，降低风险，减少成本；对外，聘请石斛研发和管理方面经验丰富的专家为技术顾问，邀请他们到基地办班指导、网上交流，也可以派人到浙江、广东、云南等几个起步较早、市场占有率高的石斛产区实地考察、学习取经。

引进和研发产品精深加工技术，拓宽产品销售形式。投资购入精深产品加工设备和技术，改变枫斗、茎条等产品单一的被动局面，加强对胶囊（丸）、口服液（浸膏）、片剂、饮料等多种形式的中成药、保健食品（饮料）、美容化妆品和食品添加剂、饲料添加剂、餐饮等系列精深产品的研发，增加产品差异性和个性化，从安全、食用、药用、美容、装饰、绿化等多个角度来开发石斛的品位和附加值。拓宽产品销售形式，既要生产以药用和保健为主的高档消费品作为龙头产品，提高核心竞争力，也要满足不同收入人群的需求，降低成本和销售价格，推出让普通民众也能消费得起的石斛产品，实行产品多样化。

2. 健全和完善产业链，建立统一的标准体系

健全和完善优质高效、绿色生态、精深加工的产业链是产业发展之本。根据产业链中的种种问题，加强 GAP 标准化种植基地建设，建立统一的金寨石斛标准化体系，包括栽培技术标准、生产示范标准、质量检测标准等规范产业链上的操作。种源方面，引进经过鉴定的纯正的霍山石斛种苗或种质资源进行培育；生产方面，对种苗全过程进行质量跟踪检验，加强对农药化肥和金属含量的监管，建立石斛检测的信息档案；深加工方面，加大对霍山石斛功效物质的构效研究，提高科技研发能力；销售方面，加强市场监管和品牌宣传，建立规范化的市场监管体制；品牌方面，要充分利用金寨的人文历史和风土民情，创新品牌文化，开展文化营销。随着物质文化生活水平的提高，人们在消费过程中更加注重物质产品背后的文化内涵。金寨人民为革命胜利做出了巨大牺牲，金寨至今仍然是扶贫帮困的重点，金寨是安徽的“西山药库”，资源富集，环境优美，以及石斛独有的保健药用功效等特征，都可以作为品牌宣传和文化营销的突破口，满足消费者的精神文化需求。比如，在金寨建设石斛文化博览馆、石斛观光旅游和体验基地，举办石斛特色餐饮美食节、石斛花卉观赏节等特色推广文化活动，使消费者近距离接触和亲身体验石斛文化的魅力。

为加快金寨石斛的产业化、生态化、标准化发展，必须打造集石斛种植、组培、初深加工、储运到销售为一体的完整的产业

链，具体如图 9 - 9 所示。

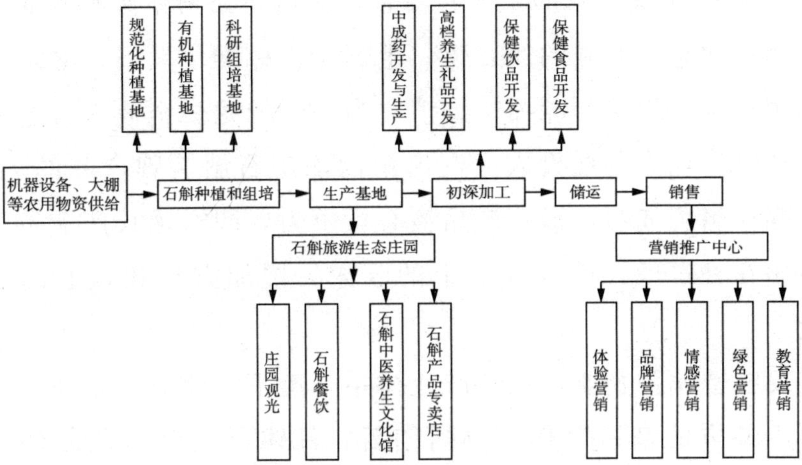

图 9 - 9　石斛完整产业链图

在图 9 - 9 中，发展以石斛的种植和组培、生产基地、初深加工、储运到销售为一体的主导产业，每个环节同时进行纵向延伸和横向拓展。首先，在石斛种植和组培这一环节，发展规范化种植基地、有机种植基地和科研组培基地等横向延伸产业；其次，在石斛生产基地中筹建集吃、喝、玩、乐、学为一体的石斛旅游生态庄园，衍生庄园观光、石斛餐饮、石斛中医养生文化馆、石斛产品专卖店等产业，不断扩大产业规模；再次，在石斛初深加工环节，加大资金和科技投入，发展石斛中成药、高档养生礼品、保健饮品以及保健食品的开发与生产，吸引大企业的进入；最后，在石斛销售环节上，成立营销推广中心，专门负责品牌战略的制订、建设、提升和维护，运用体验营销、品牌营销、情感营销、绿色营销和教育营销等多种营销方式，扩大品牌影响。

3. 打造龙头企业和龙头产品，政企研协同创新完善产业体系

为加快金寨石斛的产业化、生态化、标准化发展，必须打造集石斛种植、组培、深加工到消费为一体的龙头企业，打造完整的产业链，加大科技投入，突出精深加工石斛名牌产品的创建，实施强势名牌战略，提高产品核心竞争力，同时延长产业链，分享石斛在种、产、销各环节上的收入，增加农户和企业的经营利润。

要打造龙头企业，完善产业体系，离不开政府、企业、科研院所等各方的精诚合作、协同创新。具体可从以下几方面开展工作：

制定产业标准。从种源到产品，保证霍山石斛种源纯正、品质可靠、市场规范、食用安全、养生有效。

建立准入制度。依据产业标准和品牌定位，从资质、种苗、生产规模与产品规格到销售配额，实行准入制，保证霍山石斛产业利益可持续最大化。

加大市场监管力度，规范市场秩序，强化地理标志认证，对假冒劣质产品要依法查处和严厉打击。

大力发展石斛产业新技术的创新，努力形成产学研相结合的新局面，聘请专业的农业技术人员、相关专家办培训班或现场指导，形成“科研＋企业＋农户”的新型模式，建立利益共同体，从而使产业链联系更密切，不断提高产品质量、产量和效益水平。

综上所述，长期以来，金寨石斛产业由于起步晚，规模小，

凸显出科技转化与创新能力不足、缺乏中药材精深加工产品、产业链不规范、产业标准不健全、缺乏龙头企业支持、经济效益低等问题。为了解决这些问题，就要加大科技投入，提高精深产品加工能力，健全和完善产业链，建立统一的标准体系，打造龙头企业和龙头产品，政企研协同创新完善产业体系，通过龙头企业的帮、扶、带作用推动整个金寨石斛产业的长久稳健发展，为致富山区百姓、促进大别山区经济发展和中部崛起、实施皖江城市带承接产业转移等方面做出应有的贡献。

参考文献

[1] 樊而峻，孙焕琴．品牌营销［M］．北京：中国财政经济出版社，2003.

[2] 何君，厉戟．品牌识别经营原理［M］．北京：中央民族大学出版社，1999.

[3] 张继焦．成功的品牌管理［M］．北京：中国物价出版社，2005.

[4] 黄彤彤，权锡鉴．品牌形象塑造的原则和策略［J］．商业时代，2004（33）．

[5] 李光斗．卓越品牌七项修炼［M］．杭州：浙江人民出版社，2003.

[6] 年小山．品牌学（理论部分）［M］．北京：清华大学出版社，2003.

[7] 潘健廷．生死抉择面前放弃品牌［J］．市场瞭望，2002（5）．

[8] 陈放．品牌学［M］．北京：时事出版社，2002.

[9] 埃里克·乔基姆塞勒．品牌管理［M］．北京：中国人民大学出版社，2001.

[10] 李秉龙．农产品名牌的塑造与其市场竞争力的提高［J］．河北科技师范学院学报，2002（1）．

[11] 崔克勇．山西农业的发展方向——区域特色农业［J］．山西农业大学学报，2004（2）．

[12] 陆国庆．区位品牌：农产品经营的新思路 [J]．中国农村经济，2002 (2)．

[13] 戴平生．从农产品市场看品牌经营 [J]．农村经济，2001 (2)．

[14] 曹淑华．安徽省特色农产品资源及其产业化发展思考 [J]．中国农业资源与区划，2003 (10)．

[15] 李霜红．黑龙江省农产品品牌战略浅析 [J]．活力，2011 (11)．

[16] 谭江衡．崇明农产品品牌战略研究 [J]．商品与质量，2010 (9)．

[17] 蔺全录，王翠琳．特色农产品品牌战略研究 [J]．开发研究，2006 (4)．

[18] 曾玉珍．牡丹江实施特色农产品品牌战略的思考 [J]．乡镇经济，2006 (4)．

[19] 奚国泉，李岳云．中国农产品品牌战略研究 [J]．中国农村经济，2001 (9)．

[20] 李敏．我国农产品品牌价值及品牌战略管理研究 [D]. 华中农业大学，2008.

[21] 刘玲玲．原产地标志在农产品品牌推广中的应用 [D]. 大连海事大学，2007.

[22] 李德立．中国农业产业化经营的品牌战略研究 [D]．东北林业大学，2006.

[23] 杜纳·E·科耐普．品牌智慧 [M]．北京：企业管理出版社，2001.

[24] 凯文·凯恩·凯勒．战略品牌管理 [M]．李乃和，译．北京：中国人民大学出版社，2006.

[25] 金寨县人民政府官网．http：//www.ahjinzhai.gov.cn/DocHtm

lxxgk _ 201601304632357. html.

[26] 金寨县人民政府．金寨县特色农业产业建设与发展规划（2012—2020）．

[27] 王立志，王立安．霍山石斛的调查研究 [J]．安徽中医学院学报，1989（8）．

[28] 孟海涛，何祥林，张淇军，等．霍山石斛产业发展的现状与对策分析 [J]．中国现代中药，2015（6）．

[29] 金寨县青山镇信息公开网．http：//www. ahjinzhai. gov. cn/DocHtml/xxgk _ 201601304632357. html.

[30] 刘志超．霍山石斛发展现状与发展对策 [J]．园艺与种苗，2012（10）．

[31] 国粹堂生物科技网．http：//www. gct2013. com/article/119. html.

[32] 查金莲．高山蔬菜产业发展与提升路径——以安徽省岳西县高山蔬菜为例 [J]．宿州学院学报，2016（6）．

[33] 赵菊润，张治国．铁皮石斛产业发展现状与对策 [J]．中国现代中药，2014（4）．

[34] 白燕冰，张雅琼，徐文婷，等．云南石斛产业现状及可持续发展对策 [J]．中国热带农业，2012（4）．

[35] 杨麒，周月倾，王洪云．依托营销创新拉动石斛产业现代化发展研究 [J]．企业改革与管理，2016（11）．

[36] 杨佳丽．霍山石斛产业发展现状及对策 [J]．时代金融，2016（5）．

[37] 王亮．安徽省特色农产品发展现状及发展战略研究 [J]. 淮南职业技术学院学报，2011（1）．

[38] 曹淑华．安徽省特色农产品资源及其产业化发展思考 [J]．中国农业资源与区划，2003（10）．

[39] 沈树周，彭品志，段素梅．安徽省农产品品牌建设存在的问题及对策［J］．现代农业科技，2008（4）．

[40] 毛雪，朱海娣．安徽省现代特色农业生态地质条件分析［J］．中国农学通报，2016（32）．

[41] 约翰·墨菲．品牌战略［M］．北京：中国人民大学出版社，2006.

[42] 王似保．岳西农产品绿色营销策略［J］．皖西学院学报，2011（3）．

[43] 王似保．岳西翠兰销售问题及市场开拓［J］．安庆师范学院学报，2011（5）．

[44] Dixon D. F. The Role of Marketing in Early Theories of Economic Development［J］. Journal of macromarketing，1981（2）．

[45] Masahisa Fujita. Economic Development Capitalizing on Brand Agriculture：Turning Development Strategy on Its Head［J］. Institute of Developing Economies，2006（11）．

[46] 高伯海．日本的农产品品牌战略［J］．农业质量标准，2009（4）．

[47] 王似保．岳西特色农产品品牌发展模式提升策略研究［J］．财经理论研究，2016（6）．

[48] 朱宜娟，周萍萍．安徽省岳西县“大别山”高山蔬菜品牌建设之路径［J］．宿州学院学报，2015（6）．

后　记

拉开窗户，看一眼窗外的蓝天，我不自觉地转动酸痛的眼珠，伸伸麻木的腰身，看几只叫不出名的小鸟在窗外树梢跳跃嬉闹，竟然感觉莫名的舒爽！从去年暑期到现在，我一直着手这本书的撰写，终于得以完成。近一年的时间里发生了太多的事情，最令我悲伤的是亲爱的妈妈在去年国庆期间撒手人寰，离我远去。在极度悲伤的情况下，我的精力受到很大影响，耽误了书稿的完成，以至于课题在2016年未能如期结题。如今完稿，我心中五味杂陈！

本书是在品牌及特色农产品品牌相关理论的基础上，借鉴国内外特色农产品品牌发展的成功经验及启示，研究安徽大别山区特色农产品品牌发展模式，是我主持的2014年安徽省人文社科重点课题《安徽大别山区特色农产品品牌发展模式研究——以岳西高山蔬菜为例》（编号SK2014A302）的研究成果。

在本书出版之际，要特别感谢安徽省教育厅及安庆职业技术学院对本研究课题的立项资助，感谢岳西县农业委员会、金寨县农业产业发展中心、河南省信阳市农业委员会以及岳西农委蔬菜办的全体同志对课题调研工作的大力支持，感谢民盟安庆市委施取金副主委以及我的老领导现池州学院党委副书记孙晓峰教授对调研工作的鼎力相助，感谢我的妻子和女儿的无私帮助和精神支持。

课题组其他的成员也参加了本书的写作和校对工作，朱宜娟副教授撰写第六章，周萍萍副教授撰写第三章、第五章，查金莲老师撰写第九章，同时还吸收了课题组成员公开发表的论文成果。

本书查阅了相关报纸、杂志、优秀硕博论文库中的丰硕成果，以及金寨、岳西、信阳等相关部门的相关资料，在此一并表示感谢。

由于本人能力和水平有限，对一些问题的研究还不够深入，不足之处在所难免，敬请各位专家及同仁批评指正。

王似保

2017 年 5 月 4 日

调研活动剪影

2015 年 8 月 24 日在安徽国红生态农业发展有限公司调研高山茭白发展情况

2015 年 8 月 24 日在杭州宝佳果业岳西分公司调研高山茭白包装情况

岳西县石关乡高山茭白产业基地

2015 年 8 月 25 日在岳西毛尖山乡板舍村调研高山蔬菜发展情况

2015 年 8 月 25 日在岳西响肠镇下浒村调研高山蔬菜发展情况

2015 年 8 月 25 日在岳西山水间种养专业合作社调研

2015 年 8 月 25 日在岳西响肠镇政府调研

2015 年 8 月 25 日在岳西农委蔬菜办调研

2015 年 10 月 21 日在金寨霍山石斛光伏温室基地调研

2015 年 10 月 21 日在金寨小南京光伏农业智能温室大棚调研

2015 年 10 月 21 日在金寨生姜基地调研

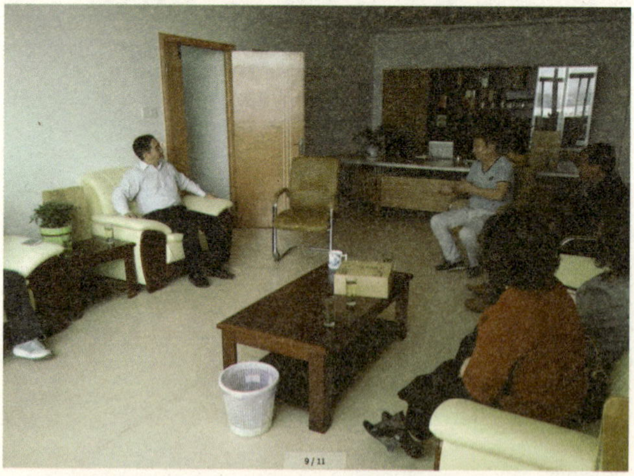

2015 年 10 月 21 日在金寨金龙虎生姜专业合作社调研

2015 年 10 月 22 日在河南信阳文新茶叶有限公司调研

2015 年 10 月 23 日在河南信阳农委调研